Elsa Morante

Traumtagebuch

Elsa Morante
Traumtagebuch
Diario 1938

Herausgegeben von
Alba Andreini
Aus dem Italienischen von
Maja Pflug

Arche

Die italienische Originalausgabe erschien 1989
u. d. T. *Diario 1938* bei Giulio Einaudi editore, Turin.

Gestaltung: Max Bartholl, Frankfurt
Satz: Uhl + Massopust, Aalen
Druck: Wilhelm Röck, Weinsberg
Bindung: G. Lachenmaier, Reutlingen
Printed in Germany
ISBN 3-7160-2108-3

Inhalt

Vorwort

Der außergewöhnliche, hier erstmals veröffentlichte Text von Elsa Morante stellt das umfassendste und bedeutsamste Zeugnis ihrer verborgenen und bisher noch kaum aufgedeckten Neigung zum Genre des Tagebuchs dar. Seine Besonderheit gegenüber ihren anderen flüchtigen oder abgebrochenen, vernichteten oder teilweise bekannt gemachten Diarien erhält dieses Dokument durch den Anlaß, der seine Entstehung von Anfang bis Ende bestimmt. In dem kurzen Zeitraum – vom 19. Januar bis zum 30. Juli 1938 –, den es umfaßt, werden die Höhen und Tiefen der wechselvollen und peinigenden Beziehung zu Alberto Moravia festgehalten, deren Unstetigkeit dann in einer Vorahnung eines »glücklichen Endes« zu friedlicher Erfüllung zu finden scheint.

Das frühe, beharrliche Gespräch Elsa Morantes mit sich selbst prägt also die Physiognomie des Textes, und da der ursprüngliche Titel, »Lettere ad Antonio«, »Briefe an Antonio«, dies nicht widerspiegelt, sondern von der wirklichen Natur des Textes ablenkt, wurde die unauffällige, chronikalische Bezeichnung *Diario 1938** gewählt. Der autobiographische Stoff präsentiert sich nicht in Gestalt einer Sammlung nicht abgesandter Briefe, sondern weist die charakteristischen Merkmale des Tagebuchgenres auf. Mehr als der trügerische Empfänger Antonio, der, kaum genannt, wieder verschwindet, ist die weiße Seite der eigentliche Gesprächspartner, Ort eines privaten Schreibens, bei dem das Unglücklichsein Elsa Morante zu forschender Introspektion und nicht zu überschwenglicher Mitteilsamkeit antreibt.

In der Abgeschiedenheit eines inneren Kosmos, in dem über das eigene Sein reflektiert wird, findet die Einsamkeit die Kraft und die Wörter, um sich zu beschreiben und zu preisen, wobei das Schwanken zwischen verächtlichem Hochmut und Niedergeschlagenheit sehr ausgeprägt ist. Zusammengehalten werden Demut und Stolz im geheimsten Bereich des Ichs durch die Hingabe an die Regungen in der Tiefe, wo eins ins andere verwandelt

* Für die deutsche Ausgabe wurde der Titel *Traumtagebuch* gewählt.

wird; auf dieses Magma ist auch Elsa Morantes beunruhigte – und bekannte – Religiosität zurückzuführen: innig durchdrungen, einerseits von einem heftigen Gefühl der zu büßenden Sünde und Schuld und andererseits bildlich zum Ausdruck gebracht in einer Ikonographie von Kathedralen, Riten, Formeln und Gebeten, mit denen das Eingreifen Gottes erfleht wird. Den dramatischen Aufruhr der Gegensätze in seinem Wechsel von Kühnheiten und Demütigungen kraftvoll zu schildern macht sich dann die mutige Selbst-Bewußtheit zur Aufgabe, aus der sich das Außergewöhnliche dieses Tagebuches erklärt, überraschend schon allein durch das Datum seiner Niederschrift.

Indem es zum Gegenstand des Schreibens gemacht wird, entwickelt sich das »Wissen zu sein« zum Bewußtsein des eigenen Selbst und des eigenen Körpers, das auch im Bereich des Verbotenen gerechtfertigt bleibt. Obwohl sie die gewagtesten und heikelsten Äußerungen einer verzweifelten Sinnlichkeit beschnitten hat, gewährt Elsa Morante der Glut der Erotik Heimstatt und Stimme; sie zeigt sie unverhüllt, in keuscher Selbstentblößung, in den äußersten konkreten Bedürfnissen brennender fleischlicher Spannung, in der jedoch auch immer noch das Echo eines fernen Wunsches nach Zärtlichkeit anklingt. Klarer Verstand durchdringt die Leidenschaft, ihre uneingestandenen Gelüste und nicht befriedigten Regungen, mit großer »Intelligenz der eigenen Libido« (Cesare Garboli). Und es ist eine weiblich deklinierte Libido, gelebt und ausgedrückt in einer Optik geschlechtlicher Identität, die sich an eine Körper und Erkenntnis einbeziehende Verschiedenheit der Frauen hält und, auf einem von Blut und Tränen gezeichneten Weg, aus den heftigen Regungen des Leibes gespeist wird. Während sie den dunklen Wald des Innern in seinen unterschiedlichen psychischen Ebenen durchstreift, verbindet Elsa Morante die Verstandesebene mit dem, was sich, auf dem Höhepunkt der Bewußtheit, der Logik entzieht, und klagt etwas ein, das für sie ebenfalls tief im Wesen der Frauen verwurzelt ist und als ein Recht auf das glückliche Ende Gestalt annimmt. Und je mehr sich ihre Mißgeschicke als paradigmatisch für den Kreuzweg der Weiblichkeit erweisen, um so skandalöser müssen sie sich für ein männliches Auge ausnehmen.

Auch die, wenngleich widerwillige und

schwierige Suche nach freundschaftlicher Übereinstimmung mit einer Reihe in stillschweigender Verbundenheit oder schwesterlicher Verschiedenheit beschworener Frauen berührt das Thema der verletzten weiblichen Identität. Und unter all diesen Gestalten ist die wichtigste die der Mutter, die, auf die rührenden Züge der Blässe des Gesichts und des weißhaarigen Alters reduziert, die Tochter in einer ergreifenden nächtlichen Erscheinung besucht. So wird in einer familiären Bindung, die zwar insgeheim mit Schuldgefühlen belastet ist, aber eine Vorrangstellung unter den anderen häuslichen Beziehungen einnimmt, eine archetypische Vorstellung von Weiblichkeit, verstanden als tröstliche Solidarität und zugleich als lebenspendendes Prinzip, wiedergewonnen. Das Motiv der Mütterlichkeit hat die Bedeutung einer Sehnsucht nach unbeschwerter Rückkehr zur Süße des Einverständnisses, denn dies wird trotz der widerspenstigen Wildheit und der nicht gebannten Verfolgungsängste erstrebt: Nicht zufällig nimmt die Gestalt der Mutter eine solche Wichtigkeit an, daß sie schließlich sogar vor die Moravias tritt und in einer Gegenüberstellung der beiden den Widerstreit zwischen tröstlicher weiblicher

Großmut und blindem männlichem Egoismus symbolhaft unterstreicht. Ursprünglich aber schließt das Thema des Mütterlichen auch die Anerkennung – und das direkte Herbeisehnen – einer naturgegebenen physiologischen Rolle ein: in einer Phantasiewelt, die sich schon jetzt mit Kindern bevölkert. Denn die weibliche Natur verleiht ja die Macht, positiv, mit Fortpflanzung, auf das zu schnelle Vergehen der Jahre zu antworten, das auf schmerzhafte Weise wahrgenommen und, angesichts des unaufhaltsamen körperlichen Verfalls, mit dem Bedürfnis erlitten wird, rechtzeitig alles, was flüchtig ist, festzuhalten. Der Vorrang gebührt sowieso dem Tod, dem »Kunstwerk« des Lebens.

Ebenso wie die Grenze Leben – Tod, auf der sie das Dasein sieht, ist auch der Augenblick, in dem die Enthüllungen des Unbewußten zwischen Schlaf und Erwachen in Elsa Morantes Gedanken auftauchen, auf geheimnisvolle Art ein Moment des Übergangs. Tatsächlich enthält das Tagebuch nicht einfach Notizen über Privatleben und persönliche Angelegenheiten. Es ist vielmehr ein Traumtagebuch über die Abenteuer der Träume. Und die Autorin betont das mehrmals: mit der ontologischen, bei Calderón de la Barca entliehenen Definition *La vida es sueño*, »Das Leben ist Traum«, und mit dem Vermerk *Libro dei sogni*, »Buch der Träume«, der an die systematische Abhandlung Artemidoros erinnert. Das Tagebuch, eher unterschwellige, mit imaginären Daten gespickte denn dokumentarische Autobiographie, ist Transkription ungreifbarer Geschehnisse, der Fetzen einer labyrinthischen nächtlichen Reise in das »Anderswo« des Irrationalen, dessen Rätsel in dem quasi automatischen Schreiben auch stilistisch festgehalten sind als ungewöhnliche Wahrnehmung, mit Gedankensprüngen, ungewöhnlichem Gebrauch der Interpunktion und einer äußersten Freiheit in der Anhäufung der schnellen und unerwarteten Erleuchtungen.

In der metaphorischen Abfolge dessen, was Elsa Morante geschrieben hat, ist der Text der Traumphase zuzurechnen, in der sich, um es mit ihren eigenen Worten zu sagen, »in den Romanen das gleiche vollzieht wie in den Träumen: eine magische Transposition unseres Lebens, die vielleicht noch bedeutsamer ist als das Leben selbst, da bereichert um die Kraft der Imagination«. Es finden sich in diesem Tagebuch ästhetische Überlegungen zum tieferen Zusammenhang zwischen Erfindung und Traumgedächtnis; und zu bestimmten Detailelementen (Kirchenbeschreibungen und Porträts strafender Nonnen) fehlen nicht die entsprechenden Analogien in den Erstlingserzählungen, von denen einige im Tagebuch erwähnt werden und, chronologisch gesehen, vorausgehen. Auch darf ja nicht vergessen werden, daß die Erzählung *Via dell'Angelo*,* ebenso wie das Tagebuch, großenteils als morgendliches Festhalten eines Traums zu betrachten ist. Jung und prophetisch in der Antizipation ihrer Invarianten, zeigt Elsa Morante mit sicherer Hand vor allem das literarische Universum auf, dem sie sich zugehörig und verwandt fühlt (von Dante bis Rimbaud, Kafka und Freud) oder dessen künstlerische Harmonie sie mit Bedauern für unerreichbar hält (Manzoni).

Ausgehend von den Traumabläufen entspinnt sich die Handlung des Tagebuchs: Auf der Bühne der Träume kommen und gehen

* Erstmals erschienen in der Zeitschrift »Meridiano di Roma« am 14. August 1938. Dt. unter dem gleichnamigen Titel in: *Der andalusische Schal.* Erzählungen. Düsseldorf: Claassen Verlag, S. 51. (Anm. d. Übers.)

Tagesreste und Splitter von Verdrängtem, Alltagsnöte und unheimliche Vorahnungen des drohenden Krieges, alles durcheinander im Chaos des verborgenen Ichs. Besonders schön ist, wie die wandelbaren Regungen der Seele im letzten seherischen Traum, der das Tagebuch beschließt, verschwimmen: Er besiegelt seine Geschlossenheit mit dem Bild der rosa Blüten, in dem sich vielleicht ein Heiratswunsch ausdrückt, der sich 1941 erfüllen sollte. Man kann vermuten, daß der »Traum von Liebe« damit aus der schmerzlichen Qual heraustritt und daß die unaufhörlichen Blitzschläge in einer impliziten Epiphanie der Ehe zu dem normalen Epilog einer glanzvoll gewöhnlichen Geschichte führen. Zum Abschluß des Tagebuchs vollzieht sich das Wunder einer Rettung, die sich mehrmals angekündigt hatte in Versuchen, die Unzufriedenheit mit der Wirklichkeit durch eben das herausragende Bild der Blüten oder jenes offener Landschaften, günstiger Jahreszeiten und Zuflucht bietender Reisen auszugleichen: Metaphern eines unwahrscheinlichen Zustands der Gnade, der mit seiner Fülle am Ende dem beständigen Leiden siegreich den Primat streitig macht. Es ist die Ahnung einer freudigen Leichtigkeit:

eine schwankende Chimäre für Elsa Morante, die nach ihren eigenen Worten, wie Cesare Garboli berichtet, stets bedrängt wurde von einer unbezwingbaren *pesanteur*, einer *Schwermut*, welche sie auf beklemmende Weise vom Zauber des Glücksgefühls trennt.

Alba Andreini

Traumtagebuch
Diario 1938

Tosto sarà che a veder queste cose
non ti fia grave, ma fieti diletto
quanto natura a sentir ti dispuose.

Bald wird, was dir bisher den Blick beschwerte
Dir leicht sein, und erfreun wird es dich dann
So sehr, wie die Natur dir's je gewährte.
Dante

LA VIDA ES SUEÑO
Das Leben ist Traum

Libro dei sogni
Buch der Träume

Rom – 19. Januar 1938

Erotische Träume.

Offenbar, lieber Antonio, wird mein Leben jeden Tag stupider, eine Sklaverei und ein Sehnen der körperlichen Bedürfnisse: der materiellen und sexuellen. Ich merke es an meinen Träumen. Gestern ein abgeschlossenes Zimmer gegenüber meiner jetzigen Wonung, aber in einem Garten. Ich weiß, daß es E. C. gehört. Wieso ausgerechnet E. C.? Weil er mir einmal am Telefon sagte, daß [*******] In diesen Tagen brenne ich darauf, zu [*******], stundenlang denke ich an [************] Die Haltungen der Personen sind außerordentlich lasziv oder, besser gesagt, die [*******] Nichts gibt mir ein solches Gefühl von Tod wie mein Geist, der Stunden um Stunden Sklave dieser kleinen obszönen Vergnügungen ist. Doch um auf den Traum zurückzukommen:

Ich will in das unbewohnte, abgeschlossene Zimmer hineingehen. Endlich – ich habe den Schlüssel – trete ich ein. Es ist ein zauberhaftes Zimmer mit ziemlich alten, ein wenig provinziellen Möbeln, schweren Damastvorhängen, einem winzigkleinen Bett in einem angedeuteten Alkoven. Das Fenster, das auf den Garten hinausgeht, ist schmal, aber beinahe so hoch wie eine Tür, von schlanken Säulchen gestützt. Allerdings riecht es nach Tod in dem Raum. Ich verstehe, hier starb E.C.s Mutter, die tatsächlich in der Zeit meiner Adoleszenz gestorben ist. In diesem Zimmer riecht es wirklich nach Adoleszenz und nach Tod. Aber es ist ungerecht, daß ein so schönes Zimmer unbewohnt bleiben soll. E. C. ist nämlich Marineoffizier und lebt weit weg, ich wollte ihn nicht heiraten, da hat er eine andere genommen. Doch ich werde mich wie eine Diebin in den unbewohnten Raum einschleichen. Ich vergleiche ihn mit meinen dunklen Kammern; warum soll ich hier leben und nicht dort? Ich werde dorthin zurückkehren. Während ich mich auf den Weg mache, spüre ich, daß meine Monatsblutung eingesetzt hat. Ein flüssiges, weiches, warmes Gewicht, zwischen meinen Beinen, alles an mir ist schwer. Trotzdem gehe ich los. Und da steht E. C. vor der kleinen Tür des Zimmers, jenseits des Laubenganges. Er hat den Eingang offen vorgefunden, das Zimmer geschändet. Was mag er gedacht haben von mir, seiner Nachbarin, die nun, um das Maß vollzumachen, daherkommt, während ihr flockiges Blut zwischen den schweren Beinen heruntertropft? Tatsächlich blickte er streng, enttäuscht. Er ist nackt. Welch herrliche Farbe! Er ist wahrhaftig kupferfarben, so knabenhaft, kräftig, er sieht aus wie eine schlanke Kupfervase. Das ist bestimmt eine Erinnerung an jene Fotografie im Badeanzug, die er mir geschenkt hat, als wir auf dem Gymnasium waren. Jetzt greift im Traum mein Bruder ein. Er hätte dieses Zimmer vielleicht auch gern. Der Traum endet.

In dem von heute nacht hatte ich Durst. In der Hand hielt ich ein großes Gefäß, eins von jenen hohen, wie sie die Milchmänner verwenden, und füllte es. In einem Augenblick war es voll weißlichem, mit Milch gemischtem Wasser. Welch Freude, das zu trinken! Ich erwache mit durstverbranntem Mund, bestimmt weil ich gestern abend so viel Cognac getrunken habe. Seltsam, während im Traum bestimmte Bedürfnisse befriedigt werden und man die ganze Freude der Befriedigung empfindet, wacht man plötzlich auf und stellt fest, daß in der Wirklichkeit dasselbe Bedürfnis unbefriedigt geblieben ist. Gibt es also besondere, traumeigene Sinne? (Über die physischen Sinne hinaus?)

Ob ich, bevor ich sterbe, noch einen Mann kennenlernen werde, der [*******] Ich fürchte, ich würde seine Sklavin werden, doch welch Entzücken! Und wenn es A. selber wäre? Er hätte nicht den Mut dazu [*******] Mein Leben ist elend. Ich müßte diese Dinge befriedigen, und sei es nur, um nicht mehr daran zu denken. Aber mit wem? [***] Es ist ein Elend, sich so tief in deratige Gedanken zu verstrikken

Rom 20. Januar 1938

Prozeßträume.

Gestern muß ein Tag voller erstickter Demütigungen für mich gewesen sein. Auf diese Weise erkläre ich mir die Träume von heute nacht. A. ist in der Tat ein Snob, und ich würde gern mit meiner Person seinem Snobismus genügen, zum Beispiel indem ich eine hohe gesellschaftliche Position innehätte oder berühmt wäre. Nichts davon trifft zu, und gestern der Besuch der Ausstellung in dem Bewußtsein, keine wichtige Person zu sein dort drinnen, und er, der mit der Contessa sprach, und ich betrunken, mit häßlichen Handschuhen an den Händen, und dann wurde ich den

Akademiemitgliedern nicht vorgestellt, und seine Erzählung von den Tagen, die er in der aristokratischen Villa verbrachte, von der Dame aus dem Adel, die er liebte … Genug, es ist eine lange Liste von Demütigungen. Ich glaubte, sie überwunden zu haben mit dem üblichen Gedanken, daß ich viel wert bin, daß ich *weiß*, daß ich *existiere* … Ein Irrtum. Daß ich *gedemütigt war*, sieht man daran, daß ich dann, im Traum, *gedemütigt habe*, verbissen gedemütigt habe. Wehrlose, gemeine Geschöpfe habe ich gedemütigt. Hier, in Kürze, was ich im Traum getan habe.

Es war schon Nacht, ich war allein zu Hause, aber vielleicht erwartete oder ahnte ich, daß Freunde kommen würden, ich weiß nicht recht, irgendwelche Künstler. Auf einmal läutet es. Es ist meine fünfzehnjährige Schwester Maria mit meinem Vater, nicht dem leiblichen, sondern dem gesetzlichen. Er ist ganz neu eingekleidet, rasiert, mit einem breitkrempigen Hut. Was wollen sie mit diesem nächtlichen Besuch? Ich bin etwas verärgert, denn inzwischen könnten die anderen eintreffen, zeige es aber nicht, schicke die beiden Besucher vorsichtshalber ins Schlafzimmer. Ausgerechnet da kommt ein anderer, der Maler D.C., und ich empfinde ihm gegenüber eine große Abneigung. Ich mache ihm die Tür vor der Nase zu (ich habe das Gefühl, daß ich ihn schon mehrmals im Traum so behandelt habe) und gehe wieder hinein. Aber sofort wird mir bewußt, daß der Grund für meine heftige Geste in dem Besuch der anderen beiden zu suchen ist, und in mir regt sich Groll gegen sie. Was wollen sie? Einem Telefonanruf meiner Mutter entnehme ich, daß Maria heute nacht nicht zu Hause schlafen will; ah, sie will mich um Gastfreundschaft bitten, deshalb ist sie gekommen. Und noch dazu mit meinem Vater! Sie wissen, daß ich mich seiner schäme, daß ich ihn nicht empfangen will. Ich beginne, meiner Schwester mit kalter Wut zu sagen, daß sie hier nicht bleiben kann, daß ich keine Betten habe. Inzwischen läutet es an der Tür. Es sind drei Männer, die irgend etwas mitbringen, vielleicht Blumen. Einer ist A., obwohl ich ihn im Traum nicht gleich erkenne. – Ich lasse sie eintreten (ängstlich spähe ich auf die Treppe, ob auch D.C. zurückgekommen ist, aber ich sehe ihn regungslos am Fahrstuhl stehen, wie er lächelnd den Kopf schüttelt und nicht nähertritt), und dann schließe ich die Tür zum Arbeitsraum und gehe ins Schlafzimmer zu meiner Schwester. Sie ist schon feindselig und gedemütigt, ich sehe es an ihrem blühenden Gesicht, das ganz verschlossen ist in ohnmächtigem, widerspenstigem Groll. Da schreie ich, damit ich von den anderen gehört werde, immer lauter: »Geh weg! Geh weg! Ich will dich hier nicht! Du sollst nicht hierbleiben! Geh weg!« Sie geht hinaus, mit harten Augen, in ihrem geschmacklosen Mädchenkleid. »Wie sie mich haßt«, denke ich. »Früher mochte sie mich, aber jetzt haßt sie mich immer mehr, immer mehr.« Doch ich verjage sie. Auch mein Vater muß fortgegangen sein. Ich bin mit jenen drei Freunden zusammen, aber in mir entrollt sich wie eine innere Schlange die Angst. Das Telefon klingelt: Es ist meine Mutter, die voller Haß von meinem Vater spricht, sagt, daß sie ihn nicht mehr im Haus haben will. An meiner Tür ist ein großes Guckloch. Dadurch sehe ich meinen Vater wieder auftauchen, mit seinem neuen Hut. Geschäftig kommt er daher, demütig, wie er auch in Wirklichkeit ist. Er bietet mir Gefälligkeiten an, deshalb ist er gekommen. »Du weißt genau, daß du nicht herkommen sollst, alle wissen es!« schreie ich (bei diesem Ausbruch empfinde ich ein niederträchtiges körperliches Vergnügen). »Ich will nicht, daß du hierherkommst. Ich will dich nicht empfangen! Geh weg! Geh weg!« Alle meine Muskeln spannen sich an in diesem Schreien. Mit einem kleinen Lächeln, den Kopf eingezogen, geht er die Treppe wieder hinunter. Alle schweigen. »Wer ist das?« fragt einer irgendwann. »Es ist ihr gesetzlicher Vater, das ist klar«, sagt A. Ich sehe, daß er mein Verhalten mißbilligt; er ist unruhig. Kurz darauf erscheint im Guckloch wieder der gewohnte Kopf mit dem neuen Hut. »Ich habe etwas vergessen ...«, stottert er. Leicht schräg schlüpft er herein, gebeugt, mit der kläglichen, befriedigten Miene dessen, der weiß, daß er einen ärgert, und er ist von Natur aus schon zu sehr gedemütigt, als daß er es jetzt noch mehr sein könnte. »Du sollst dich nie wieder hier blicken lassen!« schreie ich. »Wer erlaubt dir herzukommen? Du weißt, daß ich dich nicht empfangen will! Es ist eine Ausrede, du hast gar nichts vergessen! Weg! Weg!« Statt sich zur Tür zu wenden, geht er auf den Balkon hinaus. »Nirgendwo darf ich bleiben«, sagt er mit niedergeschlagenem, servilem und von gemeinem Haß erfülltem Ausdruck. Und spuckt den Balkon an. Dann stürzt er sich mit einem seltsamen Luftsprung, in der Luft um sich selbst wirbelnd, wie manche Insekten es tun (die Marienkäfer, meine ich), so ganz verdreht vom Balkon hinunter. Ich horche. »Er ist tot«, denke ich verzweifelt, mit schlechtem Gewissen. »Alle jagen ihn weg, das hassenswerte Wesen. Gleich wird man den Aufprall hören.« Alle warten mit mir, ruhig, aber die Stille hält an. Man hört keinen Laut, alle sind gelassen –

Später in der Nacht habe ich noch einen zweiten Traum geträumt. Ich sollte ins Kino gehen und trat ein. Der riesige prächtige Saal war leer. Es waren nur Angestellte und Bedienstete des Theaters da, die wie Marionetten auf einigen Sesseln hingen. Ich setze mich, es wird nur ein ganz kurzer Luce-Film gezeigt, bei eingeschalteter Beleuchtung, extra für mich, die einzige Zuschauerin. Ich streife im Theater umher. Ich sehe, daß der Film gerade erst gedreht wird. In der Mitte des Saals steht der lange Projektionswagen, hoch, mit einem Gobelin bedeckt. Ein Projektor ist auf die Leinwand gerichtet. Es gibt also keine Vorführung. Ich werfe die Eintrittskarte fort und gehe hinaus. Aber sogleich höre ich ein kleines Orchester spielen. Ich gehe wieder hinein durch den

Eingang mit Barrieren wie in Museen. Die Lampen brennen immer noch, Teppiche auf dem Boden, gepolsterte Sitze, in der Mitte der Apparat. Auf einem Stuhl der Zigarrenverkäufer in leuchtender Uniform, der mich mit schläfrigen Augen ansieht. Es ist zwecklos, bestimmt findet keine Vorführung statt. Der riesige Saal ist leer.

Aus Einsamkeit habe ich diesen Traum geträumt. Vielleicht hatte mich T.s Erzählung von der Schriftstellerin beeindruckt, die Einladungen zu ihrem Empfang verschickt und fast niemand kommt. Es hat mich beeindruckt, weil ich fast immer allein bin.

Gedemütigt und allein.

Oft sind die Träume nächtliche Prozesse, in denen über alles gerichtet wird, was man sich am Tag hat zuschulden kommen lassen. Wie man sich anklagt, sich verurteilt! Und man entdeckt sich jeden Tag etwas mehr. Heute kenne ich bestimmte Gemeinheiten, bestimmte Niederträchtigkeiten von mir besser als gestern.

Rom 21. Januar 1938

Traumreminiszenzen.

Gestern abend ging ich mit dem Vorgefühl dessen zu Bett, der unbekannten Abenteuern entgegengeht. Ich legte mich absichtlich fast gleich nach dem Essen hin, es genügt ja so wenig, etwas mehr oder weniger Speise, eine andersartige Kost, eine bestimmte Menge Alkohol, schließlich leichte Schwankungen bei den Empfindungen des Tages, um unsere Traumgesichte zu verändern. Beim Erwachen jedoch, zuerst im Morgengrauen und dann ein wenig später, erinnerte ich mich nicht, irgend etwas geträumt zu haben. Besser gesagt, ich hatte den Eindruck, daß auch heute nacht etwas geschehen war, ich fühlte, daß kein leerer Raum, sondern Ereignisse, Wege hinter mir lagen. Mir war auch, als hätte ich heute nacht A. getroffen. Aber wie sehr ich mich auch bemühte, es gelang mir nicht, mich an irgend etwas zu erinnern. Später, beim Frühstück, mußte ich an O. denken und die Pflanze, die er mir geschenkt hat. Auf einmal habe ich blitzartig *den Ort und den Gedanken* des Traums wiedergesehen. Ich war in einem Garten, und zwar dem meiner Mutter, vor dem Haus. Wie die kleinen Parzellen der Blumenhändler stand dieser Garten voller Topfpflanzen mit jenen wunderschönen, vollen und weichen rosa Blüten, die man sich ins Wohnzimmer stellt. Ich weiß nicht, wie sie heißen. Mit außerordentlicher Begierde starrte ich auf einen der Töpfe und flehte meine Mutter an, ihn mir zu geben. Sie hatte doch so viele! Ich würde ihr dafür, wenn sie wollte, jene Sukkulente von O. geben, die nicht blüht. Doch mit einer kleinen Regung des Bedauerns auf den Lippen sagte meine Mutter, nein, sie könne keine der Pflanzen entbehren. Meine Begierde wuchs so sehr, daß mir noch im Wachen das Gefühl der weichen Zärtlichkeit, der sanften Farbe jener Pflanze geblieben ist. Meine Mutter aber schüttelte geizig den Kopf. »So ist es«, dachte ich, »es gibt kein einziges Wesen auf der Welt, das bereit wäre, auch nur das geringste Opfer für mich zu bringen. Wer mir etwas gegeben hat, hat mir gegeben, was er übrig hatte, die Krümel vom Tisch« (ich bemerke, daß ich im Wachen oft diesen Gedanken gehabt habe). Mich ergriff ein heftiger Schmerz wegen dieses Mangels an Liebe, und vorerst erinnere ich mich an nichts anderes aus dem Traum. Doch gewiß habe ich heute nacht noch andere Dinge geträumt, ich habe zum

Beispiel A. gesehen, auch wenn ich nicht mehr weiß, wie.

Man kann also auch im Bereich des Traums eine *Recherche* anstellen. Plötzlich erscheinende Reminiszenzen machen uns geträumte und dann aus dem Gedächtnis verschwundene Landschaften und Begebenheiten wieder zugänglich. Noch etwas anderes ist bemerkenswert an diesem Blumentraum: Als ich in diesen Tagen auf der Suche nach Veilchen einen Blumenladen betreten hatte, war mir wirklich eine jener rosablühenden Pflanzen aufgefallen. Ich hatte ganz flüchtig den Wunsch verspürt, sie zu besitzen, gleichzeitig mit dem Gedanken: »O. hätte mir so eine schenken können, anstelle der Sukkulente. Darüber hätte ich mich mehr gefreut.«

Dieser Wunsch, der mir so oberflächlich und schwach erschienen war, mußte vielmehr tiefe Wurzeln in mir haben, wenn mein Taum jene Blüten mit solcher Kraft heraufbeschworen hat. Tatsächlich spüre ich nun, daß ich größte Lust auf jene Pflanze habe, es kommt mir sogar so vor, als würden sich meine Laune und meine Tage verändern, wenn ich mit jenen rosigen, unschuldigen Blüten zusammen leben könnte.

Wer weiß, ob sie nicht aus ihrem eigenen unbewußten Willen heraus, beinahe als wollten sie sich für meine zu geringe Aufmerksamkeit und Lust auf sie rächen, im Traum mit ihrem übermächtigen Blühen zu mir gekommen sind, um meine Begierde freizulegen und zu schüren?

Außerdem begreife ich nun, daß O.s Sensibilität keineswegs so erlesen ist, wie sie mir vorgekommen war, weil er daran gedacht hatte, mir eine Pflanze von so *aufstrebendem* Wuchs zu schenken. Wenn er wirklich sensibel wäre, hätte er mir jene glücklichen Blüten geschenkt. Das wird mir jetzt klar. Sein Argument: »Ich stelle mir vor, daß Ihre Wohnung alt und ein wenig düster ist, und Blüten passen nicht in solch eine Umgebung«, ist ein Hinweis auf eine gewisse Kälte, nicht auf Sensibilität. Dieser winzigkleine Traum hilft mir sogar, die Leute besser zu beurteilen. Es gibt in uns Ahnungen, unbekannte psychologische Wege, und manchmal kann ein Traum dazu dienen, sie wiederzufinden.

Eine andere seltsame Sache. Beim Blättern in bestimmten Papieren sehe ich, daß ich voriges Jahr genau in diesen Tagen von großen, süßesten rosa Blüten träumte, was mich damals mit einem Vorgefühl der Freude erfüllte. (Es ist Frühling! dachte ich im Traum. Ich sah sie an Bäumen, vom Zug aus. Und in der Wirklichkeit machte ich kurz darauf jene Frühlingsreise um den Balaton.) Ob ich von diesen Blüten träume, wenn der Frühling naht? Oder ob sie eine Vorahnung sind, ein wiederkehrendes Zeichen? Gewiß ist, daß es mir, wenn ich sie im Traum erblicke, stets die gleiche kindliche und fleischliche Freude bereitet. Diesmal allerdings vermischt mit Verlangen und Trauer.

Nun möchte ich jene Pflanze auf jeden Fall kaufen. Ich werde mich beinahe vor ihr fürchten. Ich denke, daß sie lebt. Vielleicht *weiß* sie. Niemand wird auf den Gedanken kommen, sie mir zu schenken. Alle sind entweder arm, oder geizig, oder gefühllos, oder lieben mich nicht. Ich denke, welch ein Wunder es wäre, wenn es jetzt an der Türe klingelte und mir jene Pflanze gebracht würde. Von wem geschickt? Geheimnis. Sie ist von selbst gekommen, weil sie *weiß*.

Rom 22. Januar 1938

Erotische Träume.

Im Traum heute nacht war ich im Zug (so kommt jene Sizilienreise 3. Klasse wieder), und zwar eben in der dritten Klasse. Der Waggon war überfüllt, mit einer gewissen Erleichterung stellte ich fest, daß das mitreisende Publikum aus nicht allzu zerlumpten Leuten bestand. Bänke gab es allerdings nur zwei, einander gegenüber liefen sie die ganze Wand entlang, wie in manchen alten Trambahnen, und die Leute saßen gedrängt, der Fußboden war mit Körben verstellt, weitere Reisende standen. Der Zug setzt sich in Bewegung. Ich verstehe, daß man vom Fenster aus die aufeinander folgenden Szenen eines Films sieht, der die ganze Strecke entlang läuft, aber es gibt weder Leinwand noch Projektor. Man sieht die Schauspieler so, als wären sie aus Fleisch und Blut. Hauptperson des Films ist ein hoch aufgeschossenes, kräftiges junges Mädchen, Anführerin einer Mädchenbande, deren Mitglieder im Schatten bleiben. Ihre Gestalt ist dagegen ganz deutlich: Sie ist schön, mit strahlendem, klugem Gesicht, zwei schwarzen, an den Schläfen hochgebundenen Zöpfen. Fröhlich schlägt sie ihren Gefährtinnen irgendeinen

Streich vor und sitzt dabei mitten in der Luft, sich auf den Fußsohlen im Gleichgewicht haltend. Sorgfältig zieht sie den Rock über die Knie (auf diese Weise ist es unmöglich, daß das Publikum später im Film sieht, was sie aus Scham verbirgt), aber ich sehe, die Augen senkend, zwischen ihren Beinen ihr entblößtes Geschlecht, leicht geöffnet wegen der breiten Stellung der Beine, und ich finde, daß es einem kleinen grauen, etwas welken Feld ähnelt, mit einem leichten gelben Hof. Der Zug fährt weiter, die Szene verschwindet. Vergeblich suche ich vom Fenster aus die nachfolgenden Szenen, statt dessen spielt sich auf der darunterliegenden Straße ein Wirrwarr realer Begebenheiten ab, ein Hin und Her zwischen Gepäcknetzen und Gepäckwagen, hastigen Aufenthalten. (Wie viele dieser erstaunten, alptraumartigen Aufenthalte, in den Träumen, mit Reisenden, die in offenen Militärzügen zusammengepfercht sind wie Soldaten oder Vieh!) Es gelingt mir nicht, den Rest des Films zu sehen. Ich denke mit Bedauern an die interessanten Dinge, die sich in seinem weiteren Verlauf noch abspielen werden, dort *im Saal* (was mag bloß diese Projektion der Projektion sein?), vergeblich suche ich jene schönen jungen Mädchen und sehe zwei andere, nicht aus dem Film, an einem kleinen Bahnhof warten, wo sie an einem Tischchen ihre Hausaufgaben machen. Auch *auf der Hinfahrt* hatte ich sie schon kurz gesehen, in dieselbe Arbeit vertieft, bestimmt machen sie jeden Tag Hausaufgaben, und wie häufig ich auch vorbeikomme, werde ich sie immer so sehen. (Hier erkenne ich das Gefühl der wiederkehrenden Eintönigkeit der Beschäftigungen im Lauf unseres Lebens, das ich trotz der äußeren Ereignisse empfunden hatte – 1 Jahr ist für mich vergangen ohne große Vorkommnisse.) Eines der beiden Mädchen hat ein seltsames Gesicht, glatte und geordnete Haare von stumpfem Blond, feine hohle Wangen, und ihre Augen folgen mir mit seltsamer Anbetung und Sehnsucht. Weiter vorn stehen noch andere Mädchen, deren süße, zur Frisur geordnete Haare mir auffallen, weich, bauschig und glatt, leicht aus dem Gesicht gestrichen. Auch in ihren Bewegungen haben diese Mädchen eine tänzerische Anmut. Aber keine blickt mich an wie die Schülerin an dem Tischchen. In diesem Augenblick weint neben mir, im Zug, ein kleiner Junge. Sofort springt das Mädchen auf und hält ihm, auf Zehenspitzen, von unten am

Fenster einen wunderschönen Stoffhund entgegen, der aussieht, als wäre er echt: »Ich schenke ihn dir«, sagt sie, »nimm ihn dir mit heim.« (Erinnerung an eine Seite von Cellini.) Ich verstehe, daß sie es tut, um sich in meiner Gegenwart hervorzutun, und bin stolz darauf. Ich nehme den Hund in die Hand, um ihn zu betrachten. Es ist eine bewundernswerte Nachbildung. Seine seltsam verbreiterte, plattgedrückte Schnauze mit den langen Augen macht mir ein wenig angst.

Ich habe außerdem heute nacht noch einen Wirrwarr anderer Träume geträumt, an die ich mich nicht mehr erinnere, sie dürften ausgelöst worden sein durch das, was C. mir gestern über den Aufenthalt im Mutterschaftshaus erzählt hat. – An einen anderen dagegen erinnere ich mich. Ich gab meinem Lateinschüler Unterricht, aber wir saßen dabei auf dem Sofa, er auf dem Rand, ich beinahe zusammengerollt auf dem Sofa, und ich hatte nichts an außer einem blauen Mantel, ganz in mich hineinkriechend, versuchte ich, meine nackten Füße zu verbergen (dieses ängstliche Bemühen, die nackten Füße zu verbergen, kehrt häufig wieder). Irgendwann komme ich, mit dem Gleichmut, der mich auszeichnet, wenn ich mit den Schülern heikle Themen abhandle, auf den seltsamen Zufall zu sprechen, durch den wir so geboren werden, wie wir sind, genau so und nicht anders (derselbe Gedanke, genau so ausgedrückt, war mir gestern gekommen). »Es gibt Tausende von Spermatozoen«, erkläre ich ihm, »und jedes trägt einen anderen potentiellen Menschen in sich. Eine Minute früher oder eine Minute später würde genügen ...« Plötzlich kneift mich der Schüler in den nackten großen Zeh (A. hatte kürzlich einmal abends meinen einen Fuß mit einer schmerzhaften Liebkosung bedacht), ich springe empört auf: »Gehen Sie sofort«, sage ich zu ihm, »mitsamt Ihren Büchern, lassen Sie sich nie wieder blicken!« Fast erstickt sage ich immer wieder: »Gehen Sie, gehen Sie.«

Besessen von einer Wut, die mir vorgetäuscht erscheint, ergreift er meine Puppe und schleudert sie durchs Zimmer. Ich höre den weichen Aufprall des Stoffkörpers, den dumpfen Klang des Tonkopfes: »Wenn Sie mir die Puppe kaputtgemacht haben ...« sage ich. Sonst weiß ich nichts mehr.

Warum diese Wiederkehr von Spielsachen in meinem Traum? Freud würde es, glaube ich, so erklären, daß der dargebotene Stoffhund das männliche Geschlecht ist, die Puppe das weibliche. Und so weiter. Ich weiß, daß ich heute nacht viele Abenteuer bestanden habe. Ich erinnere mich, voller Bedauern gesagt zu haben: »Ich hatte eine so hübsche Puppe... Wo ist sie hingekommen?«, ohne daran zu denken, daß es die war, die M. mir vor Jahren kaputtgemacht hat, um mich zu ärgern, und die, meine ich, Liebse hieß. Nach Herrn Freud könnte die geträumte Erinnerung an diese von mir so sehr geliebte Puppe die Jungfräulichkeit symbolisieren. Aber ich weiß, daß ich gestern abend im Gespräch auf Liebse kam, als ich wach war.

Und all das übrige – was mag es bedeuten? Alle diese Mädchen?

Gestern war von Neugeborenen, von Mutterschaft etc. die Rede gewesen. Aber diese sonderbaren Mädchen?

Rom, 23. Januar 1938

Noch erot.?

Es gibt eine ganze Vergangenheit, ein Gedächtnis, das dem Traum gehört. In dem von heute nacht beispielsweise war ich im Besitz eines seltsamen Fisches, und ich wußte, daß ich ihn schon länger besaß, so vertraut war er mir. Es war ein Fisch, der jedoch auf dem Festland lebte und in der Wohnung herumspazierte. Die Tierarten haben im Traum eine andere Rangordnung: Mein Fisch war ein verehrungswürdiges, beinahe göttliches Wesen, ich erinnere mich an Momente, in denen ich seine Gestalt mit der Platos verwechselte. Allerdings war ich mir bewußt, daß ich den Weisen nicht mit all der heiligen Ehrfurcht behandelte, die ihm gebührte, ich spürte doch, daß von dem Sitz, den er fast immer einnahm, dem Stuhl an meinem Bett, der im Traum allerdings rechts anstelle des Tischchens stand, ein stummer Vorwurf von ihm zu mir herüberfloß, ein quälender, stechend schmerzender Strom. Ich fühlte mich seinetwegen voller Niedertracht und hatte Gewissensbisse. Vielleicht gab ich ihm nicht genug zu essen, er schleppte sich inzwischen elend und kränklich dahin, sein hehrer Geist war nur noch ein schleimiger

Schatten. Bis ich ihn (ich erinnere mich an das Grauen, das ich in diesem Augenblick empfand) zwischen anderen kleinen Amphibienwesen, die im Zimmer herumkrochen (es glich mehr einem Zimmer des alten Hauses meiner Familie), beinahe verborgen unter meinem Kamm entdeckte, den er als Bett gewählt hatte, verkehrt herum, er klebte fast daran. Ich glaubte, er sei tot, doch kaum hatte ich den Kamm herumgedreht, entfernte jener sich (ich fühlte, wie er mich haßte, und empfand es als dumpfes Martyrium) auf dem Fußboden schleifend, kleine Blutbläschen hinter sich am Boden zurücklassend. Er war ganz blutbefleckt, und während er sich entlangschleppte, war mir, als hörte ich in mir schreien, daß das Fleisch sich hinschleppt, die blutigen Wesen sich dahinschleppen. Alle so! »Alle!« Ich hatte den Eindruck, daß noch mehrere, ihm ähnliche Wesen, Blutspuren hinterließen und Haß verspritzten, und Todesangst.

Später in der Nacht ein weiterer Traum. Ich bin in einer riesigen Kathedrale, unermeßlich hoch, mit zahlreichen Altären. Ziemlich bescheidene Leute gehen darin umher, ich fühle in mir eine naive, etwas fanatische Regung.

Unter den Leuten ist eine kleine, hagere alte Nonne, eine von denen mit Häubchen. Sie hat ein faltiges Gesicht, rasche, fahrige Bewegungen. Sie ist scheinheilig, lasterhaft, versucht, geheiligte Worte und Dinge zu benutzen, um ihre verkommenen, bösartigen Sinne zu befriedigen. Eine breite Freitreppe führt zu einem Altar, und auf der ersten Stufe dieser Treppe steht ein winziges Götzenbild im Priestergewand, nicht größer als ein Daumen. Die Nonne macht die Gläubigen mit theatralischen Gesten darauf aufmerksam, betet es mit spitzen Schreien an: »Hebt Gott auf den Altar!« ruft sie. Doch ist dem, was sie sagt, zu entnehmen, daß zur richtigen und vollkommenen Anbetung jenes Gottes etwas fehlt, andere Ehrungen und Gesten. Neben der Nonne, auf allen vieren auf dem Fußboden der Kirche, hockt ein Mann, der ihr den Hintern zuwendet. Mit hitzigem Genuß ihrer Lust nachgebend, schlägt sie ihn energisch darauf: »Da«, sagt sie, »nun ist alles vollbracht Dir zu Ehren, gesegneter Gott.« Von Empörung überwältigt, trete ich vor: »Glaubt es nicht, es ist eine Infamie!« rufe ich, indem ich mich in glühendem Eifer emporrecke. »Holt Gott von den Altären herunter!« Doch gleichzeitig fühle ich mich bei all meiner Energie wie ein kleines Mädchen, recht verängstigt und gedemütigt (ich versuche, dem Griff der Nonne zu entkommen, die schon die Arme ausstreckt), wie ein Schüler, der sich gegen seinen strengen, tückischen Lehrer auflehnt. Aber die Nonne packt mich und führt mich zu einem [**************] Auf jenem Sofa sitzt A. im Gespräch mit einem anderen. Er zeigt nicht, ob er meine Anwesenheit bemerkt hat, und unterhält sich die ganze Zeit weiter. [**] A. tut so, als bemerkte er nichts, aber ich bin sicher, [**************] Als die Nonne sich zurückzieht, koste ich noch lange [**************] Ich sehe, daß die Leute rundum mich bedrückt und besorgt ansehen, übrigens fühle auch ich mich niedergeschlagen, [**************] Doch einstweilen fühle ich mit Bedauern [**************] Mit Bedauern. Wie eine Verhungernde habe ich genossen [*******]

Werde ich jetzt, wenn das so weitergeht, jede Nacht Beute solcher Träume sein? Gestern abend vor dem Einschlafen weinte ich vor Wut, weil ich Lust zu lieben hatte aber A. mit V. zu Besuch gekommen war. Dauernde nicht befriedigte Erregung, übrigens [**************] er in meiner Gegenwart – und gibt mir keine Lust – Mein Wunsch und Bedürfnis, und mehr als alles die lange Begierde zu [*******], bisher nur im Traum befriedigt. Aber ich muß mich von diesen Gelüsten und Träumen befreien. Ich will andere Träume, ein anderes Leben. Meine Träume enthüllen mir ständig die schmutzigen Strömungen meines Lebens, die niedrigen Herren, die es gefangenhalten.

Jener Fisch hatte gewiß etwas von A. – seine quälenden Gegensätze der außerordentlichen, nervösen und unruhigen Intelligenz, [*******] – Der gedemütigte und dumpf erregte Groll des Fisches mir gegenüber ähnelt eher dem Gefühl, das ich manchmal, zum Beispiel gestern, für A. empfand.

Und die Nonne? Warum eine Nonne und kein Mann? Warum immer Frauen? Es stimmt, daß sie energisch, ein wenig männlich, hart war, aber eben doch ein kleines, dürres Weib.

Und wer ist das kleine Götzenbild? [*******]

Welch ein Wunder, der Traum. Jetzt verstehe ich, woher die große schattige Kathedrale in meinen Traum kommt. Gestern abend, ich erinnere mich, als ich mit V. über die Kunst im Roman und in der Handlung sprach, habe ich flüchtig den Aufbau der Erzählung mit einem Bauwerk verglichen, einer Kathedrale, und die einzelnen Szenen mit den Glasfenstern. Aus diesem flüchtigen Wort ist jene riesige Traumkathedrale entstanden. Es genügt ein Wort, ein Blick des Tages, um einen auf die unsagbaren Wege, die abenteuerlichen Reisen des Traums zu schicken. Es ist wie ein dünner Faden, der sich zu einer märchenhaften Stikkerei schlingt.

Ob hier das Geheimnis der Kunst liegt? *Sich erinnern*, wie man das Werk in einem Traumzustand gesehen hat, es noch einmal sagen, wie man es gesehen hat, vor allem versuchen, sich zu *erinnern*. Denn vielleicht ist alles Erfinden Erinnern.

Rom 24. Januar 1938

Unterbrochener Schlaf und wirre Träume. Ich weiß nur noch, daß ich von zu Hause ferne Klingeln läuten hörte, die mich riefen, und daß ich, ein Laken und eine Decke um mich drapiert, die Treppe hinunterging und dabei unterwegs einen ziemlich kleinen und blassen, grau gekleideten Mann traf. Von A.s Anrufen unterbrochener Schlaf, Nacht voller süßester lasziver Verwirrungen wegen der Geschehnisse von gestern.

Auch im Morgengrauen, zwischen Schlaf und Wachen, schien es mir, als hörte ich es läuten.

Das ungewisse Morgen entsetzt mich.

Auch mit den Sinnen liebe ich A. nun schrecklich. So sind meine Sinne noch nie gewesen, immer auf der Lauer, immer weich.

Rom 25. Januar 1938

Unbekannter Gast.

Woher kommen die Gestalten in den Träumen? Ich meine nicht die, die mehr oder weniger vage oder getreulich die Personen unseres Tageslebens darstellen, sondern die anderen, die unbekannten. Und manche (zum Beispiel die Nonne in der Kathedrale) haben einen ausgeprägten, menschlichen Charakter. Sie sind wirklich und wahrhaftig *künstlerische Schöpfungen.* Andere dagegen sind Gesichter, die sich uns auch im Wachzustand einprägen wegen ihrer seltsamen Züge: Sie ähneln ein wenig den Visionen bei Halluzinationen oder den Spiegelungen in einem Wasser, das sie gespenstisch verzerrt.

Heute nacht, im Traum, bot ich A. einen Kaffee an. »Mußt du mir so ein Zeug bringen?« bemerkte er unzufrieden mit Blick auf den Filter. Doch danach saß an seiner Stelle ein anderer Gast an einem Tischchen, das ich in mein Zimmer gestellt hatte (die Vorstellung, ihm ein Essen auftragen zu müssen, bereitete mir große Sorge). Dieser war ein schöner Mann, im Strandanzug, mit dunkelblauen Leinenhosen und Trikothemd, grauen Haaren, ein Franzose. Und unten auf der Straße sehe ich noch einen Freund von ihm kommen, der ihm wie ein Zwillingsbruder gleicht, auch er Franzose. Ich schaue vom Fenster aus zu, wie er sich nähert: Er wendet das Gesicht nach oben (wie das Gesicht mit den tiefen Falten, die es vornehm durchziehen, aus der Menge der Schatten hervorsticht!) – Es ist einer jener

Männer, die mit der Blässe des Gesichts, mit der federnden Anmut des Schritts eine geheime Anomalie verraten, nämlich Päderastie. Doch das Bewußtsein ihres Lasters läßt sie nicht verrohen, wie es bei anderen geschieht, sondern verleiht ihnen eine Nonchalance, einen Reiz, beinah eine hochmütige Überlegenheit. Nie werde ich dieses nach oben gewandte Gesicht vergessen.

Heute nacht, nach der entsetzlichen Nervenkrise, war mir, als träumte ich in größeren Zusammenhängen. Jetzt dagegen erinnere ich mich nur an kleine Traumfetzen. An einen Bahnhof, den Franzosen von vorhin, im Anzug eines Kapitäns. »Du bist ein Kapitän!« schreie ich ihn an. »Ich kenne dein Geheimnis!« Gleich darauf, nachdem ich mich von ihm entfernt habe, stoße ich gegen einen jungen Offizier. Dieser wendet mir sein gebräuntes Gesicht zu, mit schwarzen Augen und einer Haut, die sich wie eine glänzende Schale über die leicht aufgeschwemmten Züge spannt. Er faßt mich sofort an, ich empöre mich. »Warum hast du mich angestoßen?« fragt er mich mit einem höhnischen Grinsen. »Es ist unmöglich für mich, heute«, denke ich. »Bei jedem Schritt ein neuer Zwischenfall.«

Nichts Besonderes also. In wie vielen Nächten werden die Gespenster, die während jener Nervenkrise über mich herfielen, in meinem Traum Gestalt annehmen?

Aber ich will meine Träume niemandem mehr erzählen. Gestern habe ich V. einen erzählt. Das war falsch.

Rom 28. Januar 1938

Seit einigen Nächten träume ich nicht oder, besser gesagt, sind meine Träume zerrissen, wirr. Gestern nacht, nach jenem grauenvollen nervösen Wachzustand, träumte ich von meiner Schwester, die Hausaufgaben machte (das kehrt jetzt häufig wieder) und bestimmte bunte Ansichtskarten mit den Abbildungen berühmter religiöser Gemälde durchschaute. Ich sah die Madonnen, die gedeckten Blau- und Rottöne. Mein älterer Bruder (auch seine Anmaßung kehrt häufig wieder in diesen Nächten) wollte sie daran hindern. (Das Zimmer war dunkel, in einer nächtlichen Helle.) Ich war nackt. In einem bestimmten Augenblick drängte er mich aus Bosheit nackt, wie ich war, vor das offene Glasfenster. Dieses Glasfenster ging auf eine weite Ebene hinaus, das Haus lag darüber, fast auf einem Gipfel. Doch in weiter Ferne, jenseits der Ebene, stand oben auf einer Anhöhe ein gotisch oder arabisch anmutendes Haus. Trotz der riesigen Entfernung sah ich sehr wohl, wie die Bewohner jenes Hauses mich mit eindeutigen Gesten der Mißbilligung in meiner Nacktheit beobachteten. Es waren ein Mann in Jägertracht und eine Frau in einem roten Pullover mit einem Kind auf dem Arm. »Jetzt werden sie mich wegen Erregung öffentlichen Ärgernisses anzeigen«, dachte ich entsetzt. Und dann gingen wir drei Geschwister (ich bekleidet) in den Garten hinunter. Eigentlich war es kein Garten, sondern ein nicht eingezäunter freier Platz auf der einen Seite des Hauses, direkt über dem Abgrund, wo nur wenig Gras und in der Mitte ein großer Baum mit winzigen Blättern wuchs, ein Kirschbaum oder ein Granatapfelbaum, glaube ich. Meine Schwester kletterte auf den Baum hinauf. Unterdessen kam die Familie von vorher, die mich nackt gesehen hatte, des Weges. Vielleicht wegen ihrer Kleidung und wegen des roten Kittels der Frau wirkten sie wie leicht stilisierte Gestalten von Gemälden oder Spielsachen, oder wie bestimmte Krippenfiguren. Ich zitterte. Doch sie waren nur gekommen, um sich irgendwelche Auskünfte zu holen (es ging um die Miete eines Hauses, meine ich), und fragten mich mit übermäßiger, geradezu öliger Höflichkeit danach.

Später, ich war halbwach, neigte sich ganz dicht über meinen Kopf *die Blässe* meiner Mutter. Anders kann ich jenes Schattengesicht mit den schütteren, herabhängenden weißen Haaren nicht nennen. Aber es war tröstlich, überaus süß. Ich spürte es mehr, als daß ich es sah, und empfand sogleich ein bewußtes Entsetzen. »Wenn sie so zu mir kommt, und wenn ich sie so spüre«, dachte ich, »heißt es, daß sie tot ist.« Seit ich gelesen habe, daß man im Augenblick des Todes oft den Menschen erscheint, die man liebt, habe ich in der Kindheit und frühen Jugend immer wieder diese Angst gehabt.

Heute nacht habe ich ihre Müdigkeit geträumt. Ich – oder meine Schwester – machte, an einem Tischchen sitzend, Hausaufgaben, und in der Nähe war meine Mutter mit dem müden Gesicht, das sie manchmal hat, das Fleisch zerschlagen und sehr weiß, auf den Wangen bläulich, die blauen Augen erloschen und ein wenig fiebrig, die grauen Haare kurz und wirr, die Lippen blaß. Vielleicht rühren diese Eindrücke von der schwachen Gesundheit meiner Mutter her, die mir schon immer große Sorgen gemacht hat und mir auch jetzt Sorgen macht.

Drei Dinge sind mir von diesen Nächten im Sinn geblieben. Die Gesichter meiner Mutter, mein nackter Körper, schmächtig, zart und unschuldig in seiner Adoleszenz, vor dem Glasfenster und jenes langgestreckte Haus, das etwas gläsern und eisern oben auf dem Gipfel leuchtet, dem Glasfenster gegenüber, aber in weiter Ferne jenseits der Felder. Eine Art Parallele zwischen meinem hellen Körper und jenem Haus.

Wer entwirft dieses Muster? Wer formt diese Gestalten, die manchmal keinerlei Bezug zu dem vorausgegangenen Wachzustand haben, sondern vielleicht an weit zurückliegende, oft für immer vergessene Eindrücke anknüpfen? Wer bewahrt die Bilder und die Steinchen, die dann das Mosaik ergeben? Wo – in uns oder außerhalb – lebt jene endlose Reihe von Orten und Gesichtern? Und worauf beruht die Auswahl, da doch zuweilen flüchtige Eindrücke des Tages, die uns bedeutungslos erschienen, zu wachsen beginnen und den Traum bilden, und andere sehr starke nicht? Vielleicht gerade deshalb, weil diese unser Empfindungsvermögen schon erschöpft haben? Aber nein, denn zuweilen geschieht ja auch mit ihnen das Gegenteil.

Farben, Lichter, Sinnlichkeit und Angst in meinen jüngsten Träumen.

Rom – 1. Februar 1938

Obgleich ich in diesen Tagen meine Träume nicht erzählt habe (sie waren alle recht unerheblich), sind sie mir im Sinn geblieben wie lauter einzelne Bildchen. Ich erinnere mich an sie wie an gerahmte Landschaften. Zum Beispiel:

Ein ziemlich breiter Gartenpfad, von niedrigen Sträuchern gesäumt und mit feinem Kies bedeckt. Er macht eine Biegung. Ich flüchte, weil mich ein Hund verfolgt. Es ist ein Hund mit seltsam maskulinem, menschlichem oder vielmehr kindlichem Ausdruck, voller kindlicher Gewalttätigkeit und Rührung. Jetzt hat er mich erreicht. Es bleibt mir nichts anderes übrig, als ihn zu erdulden. Aber jemand, der da und zugleich nicht da ist, ermahnt mich, so zu tun, als schliefe ich, als wäre ich leblos. Ich tue es und kauere mich am Wegrand zusammen, und tatsächlich berührt mich der Hund mit den Lippen, und ich empfange, mit geschlossenen Augen, den Atem anhaltend, verängstigt die fiebrige und langsame Liebkosung seiner Lippen. Doch plötzlich, der Furcht nicht standhaltend, springe ich auf. Der Hund hat ein zugleich wütendes und enttäuschtes *Gesicht*, stößt einen ungehaltenen, zornigen Schrei aus. Ich flüchte, aber ich weiß, daß er mich einholen wird. Wie wird es ausgehen?

Ich bin im Zug, auf dem Weg ins Ausland. Aber ich weiß, daß mir das Nötige für die Rückreise fehlt. Es ist noch eine Freundin dabei (ich weiß aber nicht, wer). Beide rechnen wir mit der Möglichkeit, daß ein mit uns reisender Herr (es ist, aber nicht ganz, der hassenswerte Oberst B.) den Zielort zu seinem Aufenthalt wählt und, falls er dortbleibt, für unsere Rückreise sorgen wird. Er sagt: »Vielleicht werde ich bleiben. Es ist möglich, aber nicht sicher.« Ich denke: »Was tue ich, wenn er nicht bleibt?« Doch einstweilen gehen wir in den Speisewagen. Wie schön! Ich esse sehr gern im Speisewagen.

Wir stehen in einem Gang. Ich betrete ein Abteil. Seltsam, in einer Klasse, die eigentlich die erste sein sollte, harte Sitze wie in der dritten. Und hier sehe ich eine Familie, vielleicht Schüler meiner Mutter, eine Familie aus dem Volk, eine Bauernfamilie. Die Mutter trägt bäuerliche Tracht. Die kleinen Töchter wenden mir anmutige feine Gesichter zu, mit entzückenden runden Äuglein, einem Mittelding zwischen Vogel- und Puppenaugen, von blauvioletter Farbe in den rosigen Gesichtern. Sie sehen sich alle ähnlich. Liebe, anbetungswürdige Äuglein. Nie werde ich diese Familie mit den schönen Äuglein, den reizenden glatten Köpfchen vergessen.

(Aber dieser kam vorher.) Im Traum A. sehr freundlich, liebevoll, menschlich. Vor dem Schlafengehen hatte er zu mir gesagt, daß mein Atem schlecht riecht (weil ich dauernd billige Liköre und Weine trinke). Aber er hatte es ziemlich roh gesagt, sich dabei die Nase zugehalten und das verzogene Gesicht von mir abgewandt, und daß er mich deshalb nicht lieben könne. Nur einen Augenblick lang hatte er es bereut und mir zärtlich, lächelnd, über die Wange gestrichen. Außerordentlicher Schmerz, Gefühl von Alptraum. Im Schlaf wird jene kurze, von Lächeln begleitete Liebkosung zu einer großen Zärtlichkeit seinerseits, zu Liebe. Jener flüchtige Trost wird zu einem wahren, tiefen Trost. A. steht vor mir, den Hut auf dem Kopf. Ich erinnere mich nicht mehr an seine Worte, aber ungefähr lauten sie so: Es stimmt nicht, was ich dir gesagt habe. Denk nicht mehr daran. Und außerdem liebe ich alles an dir, was immer du auch haben und sein solltest. Liebe, meine Liebe. – Möglicherweise dachte er dies auf dem Heimweg (so ist er) und ist gekommen, um es mir im Traum zu sagen.

Seltsamer knabenhafter Hund.

A.s Liebe, Zärtlichkeit, Trost.

Familie mit den schönen Äuglein.

Rom 2. Februar 1938

Heute nacht eine wahre Phantasmagorie von Träumen. In einer einzigen Nacht habe ich viele Orte bereist, habe Wohnungen und Länder gewechselt, Wunder und Kriege erlebt.

Zu allererst stand ich mit A. vor einem *großen Meer* (vielleicht ist der Traum allein aus diesen beiden Wörtern entstanden, die ich neulich abends in bezug auf ein Abenteuer von mir gesagt hatte und die C. gefielen): Es war ein wunderbares Meer und seine Farbe stammte gewiß aus der gestrigen Lektüre Rimbauds, in der von »sternengetränktem Wasser« die Rede ist. Es war nächtlich und morgendlich zugleich, perlmuttfarben, manchmal, wenn das Wasser sich aufbäumte, kam eine grasbewachsene Ebene zum Vorschein, manchmal sah man nur die Ebene, doch wandte man die Augen einen Moment lang ab, erschien bei erneutem Hinsehen wieder das wunderbare Wasser. Plötzlich kommt ein Sturm auf, die perlglänzenden Fluten erheben sich, ich bin entsetzt, denn weit draußen beutelt es Segelschiffe, und auf diesen Segelschiffen befinden sich meine Angehörigen, meine Mutter ist dabei. Die Segelschiffe verschwinden, vielleicht von den Fluten verschluckt; doch da kommt uns meine

Mutter, auf dem Wasser schreitend, entgegen: Sie trägt ein schwarzes Gewand mit weiten, nach hinten flatternden Ärmeln, ist größer als in Wirklichkeit.

Und dann bin ich in einer reizenden Villa mit Garten. Mein älterer Bruder sagt zu mir, ich solle mich verstecken, um meiner Mutter und dem anderen Bruder einen Streich zu spielen. Wir verstecken uns, merken aber bald, daß der Bruder uns sieht; er tut nur so, als sähe er uns nicht, um uns das Spiel nicht zu verderben. Mit scheinheiliger Miene geht er im Hintergrund umher, gekleidet wie ein Gärtner unter seinem Strohhut. »Schau«, sagt der Ältere zu mir, »kaum sieht er uns, dreht er sich um und tut so, als hätte er uns nicht gesehen.« »Mama allein«, sage ich, »will ich diesen Streich nicht spielen, der Ärmsten.« Ich verstehe nämlich, daß sie angstvoll nach mir sucht, und kaum trete ich aus dem Versteck hervor (sie ist jünger, wie ausgewechselt, in einem Morgenrock aus hellem Leinen), ruft sie mir entgegen: »Meine Kleine!« Ich bin glücklich und schäme mich gleichzeitig ein wenig über diese ungewöhnliche Anrede. Bestimmt lächelt (ich bin ja nun schon groß) im Schatten jemand darüber.

Doch jetzt bin ich an einem seltsamen Ort. Es ist ein sehr hohes Zimmer zwischen steilen Felsen und Abgründen. Wir sind viele, unter anderem meine Mutter und mein älterer Bruder. Die Hauptperson aber ist eine Art Zauberer von unauffälligem Äußeren, lang und dürr, bürgerlich gekleidet. Ihm ist alles möglich, einfach, weil er es sagt und tut. Bald machen es viele der Anwesenden wie er: Sie hängen sich an die Tragflächen der vorbeifliegenden Flugzeuge, ein kleiner Mann führt in einen dicken Mann einen Ball ein, der aufgeblasen wird und ihm als Ballon dient. Mein jüngerer Bruder bläst einen kleinen Luftballon auf, bis die Haut ganz dünn ist. »Wird er keine Risse bekommen?« frage ich. »Je dünner die Haut ist, um so höher steigt er«, erwidert mein Bruder, und ich meine, er schreibt es dem Archimedischen Prinzip zu. Er fliegt davon. Doch dann sehe ich ihn am Fenster, und ihm fehlt der Mut und die Geistesgegenwart, sich an die Tragfläche eines vorbeifliegenden Flugzeugs zu klammern. »Es ist eine Frage des Mutes«, denke ich, »alles ist möglich.« Jetzt rutscht der Zauberer eine furchterregende, steile Bergspitze hinunter wie auf einer schiefen Ebene. Ich zittere etwas um die Meinen, um meine Mutter; einer hier, einer dort, liegen sie alle ruhig auf grauenvollen, schroffen Felsen; aber nein, niemand kann herunterfallen, weil alle wissen, daß sie nicht fallen. Ich habe jedenfalls gleichzeitig das Bewußtsein, daß dies alles ein Trick ist, ein vorgegaukeltes Spiel. Aber ich, ich glaube jetzt daran und fliege. Es ist ein Tiefflug zwischen Sträuchern, ich trage ein rosa Kleid, wirke wie ein romantisches Kärtchen, ein Heiligenbildchen. Ich flattere, und sowie meine Sicherheit zu fliegen ins Wanken gerät, lande ich sacht. »Es ist nur eine Frage des Glaubens«, denke ich. »Was für ein reizendes Mädelchen kommt da vorbei. Sie ist soviel jünger als ich, es wäre ihr ein leichtes zu fliegen, wenn sie nur wüßte, daß es bloß eine Frage des Glaubens ist.« Ich komme an Straßen vorbei, die ich wiedererkenne (das Stadtviertel M. V., wie es vor meiner Kindheit war), überfliege dornige Bäume, Kolonnen von Soldaten. Es ist nämlich Krieg. »Irgendwo«, denke ich, »wird das Feld sein, diese Sache, die uns so fern und absurd vorkommt, mit echten Kanonenschüssen, echten Toten.« Ich fliege wieder auf einen Strand zu, es ist Nacht. Es ist ein Hafen mit festgemachten Booten. Meine Mutter ist nicht mehr da. Wo ist sie? Sollte sie, des Wartens müde, auf dem

Wasser fortgegangen sein? Aber nein, dort in der Bucht steht sie, ich sehe sie als erste. Klein, dick, traurig, schwarz gekleidet. Zusammen mit anderen gehen wir in ein Bahnhofscafé, vor der Abreise.

Doch auf einmal befinde ich mich an jenem unbekannten und bekannten Ort, einem Platz in der Nähe irgendwelcher berühmter Ruinen (vielleicht das Kolosseum), wo ich nach der Erinnerung im Traum (aber habe ich ihn wirklich schon andere Male geträumt? Ich glaube, ja) immer unerwartet herauskomme, von Orten aus, die ich weit entfernt glaubte. Seltsamer Platz. Große Gebäude mit riesigen Mauern, wie die der Engelsburg, mit Türmen, ohne Fenster. Hinter einem von ihnen geht der Mond auf, so funkelnd, wie er noch nie zu sehen war, umgeben von einem Hof von außerordentlicher Helle. Wo bin ich? Ich frage eine fette Spinnerin, eine Frau aus dem Volk. Sie sitzt auf einer Felsbank, die aus einem Haus aufragt (es ist nicht die kleine alte Frau mit Kapuze, wie die anderen Male), und sagt zu mir: »Wissen Sie es nicht? Es ist wie sonst. Dort, hinter der Kathedrale ...«

Hinter der Kathedrale liegt eine festliche kleine Bucht, Motorboote, Kinder, die baden, obwohl es Winter ist (hier ist es Tag, allerdings ein seltsamer, künstlicher Feiertag). Ich sehe kleine nasse Hemden auf dem Boden liegen. Alle auf kleinstem Raum zusammengedrängt, Bötchen und Kabinen, überaus heiter. Aber es ist Krieg. Und jener Soldat der Luftwaffe, der mit einem Mädchen in einem winzigen Bötchen sitzt, amüsiert sich hier zum letzten Mal, gleich muß er in den Krieg ziehen.

Ich sehe mich auf sonnigen Sträßchen, die Häuser sind verputzt wie in den arabischen Städten, dann komme ich auf trostlosen Wegen heraus, auf denen lange Geleise entlangführen, hier und da verdorrte Grasbüschel, an einem öden Fluß. Kurze, schlecht gebaute Brücken aus Zement und Eisen.

Dann gehe ich in eine Imbiß-Metzgerei, um das Abendessen zu kaufen. Ich bin sehr arm und habe nur zwei Lire bei mir. Ich verlange eine Haxe. Keine Haxen. Also Hirn. Wenn es aber mehr als zwei Lire kostet? Dann nichts, danke. (Ich werde zwei Eier kaufen.)

Ich gehe zur Wahrsagerin. Es ist eine große, dicke, prächtige Adelige. Anstatt mir aus der Hand zu lesen, bietet sie mir als erstes Tee an. Reizende Petits-fours werden aufgetragen. »Probieren Sie«, sagt sie zu mir, »dieses Pastetchen mit den Blumen.« Es ist ein mit Stickerei verziertes Teilchen aus leicht eingeöltem Blätterteig. Die Zofe kommt, ein Bauernmädchen in Schwarz und Weiß, und stellt eine offene Einkaufstasche voll kleiner, kugelrunder glatter Früchte, orangerosafarbenen Mispeln ähnlich, auf den unordentlichen Tisch. »Warum«, tadelt die Herrin sie, »hast du das Geld nicht gewechselt?« (Sie meint bestimmt die tausend Lire, die ich ihr gegeben habe.) »Man braucht immer Geld, du Dummkopf.« Hier erwache ich. (Die Wahrsagerin besaß Umgangsformen und Reichtümer, um die ich sie beneidete, und nun verstehe ich auch, wessen Tonfall I. nachahmt.)

Immer wieder kommt in diesen Träumen meine Mutter vor. Erinnerung beim Überqueren der Straße mit den Bahngeleisen, beim Gang durch die kleinen arabischen Gassen. Es ist seltsam, daß ich jetzt nicht mehr weiß, ob ich sie wirklich schon andere Male geträumt habe. Oder ob ich im Leben durch sie gegangen bin. Verschmelzen Leben und Träume zuweilen in der Erinnerung?

Was wohl Fliegen im Traum zu bedeuten hat?

Vorbei sind die Tage verzweifelter Sinnlichkeit. Vielleicht, weil ich mit dem Alkohol aufgehört habe. Aber mein Mund ist immer noch bitter. Bin ich etwa krank?

Die Geschichte mit den Wundern kommt bestimmt daher, daß ich gestern im Evangelium gelesen hatte. Wie banal und mechanisch die göttliche Einfalt des Evangeliums in meinem Traum geworden ist. Die Wahrsagerin ist bestimmt die Prinzessin Sh., von der I. mir erzählt hat. Ich vergaß, daß an einer Stelle meiner Träume V. von verpestetem Atem sprach und ich dabei wegen A.s Gegenwart wie auf Kohlen saß.

Seltsame Städte habe ich geträumt. Und fast vollkommen heute die Erinnerung an ein solches Traumlabyrinth. Es ist eine seltsame Gottesgabe, daß man sich im Wachen an die andere Welt des Traums erinnern kann.

Rom, 5. Februar 1938

Ich habe mit A.s Geschmack im Mund einschlafen wollen, um zu sehen, welche Träume ich haben würde.

Rom – 14. Februar 1938

Träume von Demütigung, von Demütigung.

In einer dieser Nächte träumte ich vom Leihhaus (bald, gleich heute früh, werde ich erneut meine Schreibmaschine versetzen müssen). Große Räume mit staubigem stumpfen Fußboden in breitem Rautenmuster. Hinten in einer Halle drei oder vier Schalter. Doch im Traum hole ich meine Maschine wieder ab. Das Fräulein sagt allerdings, daß sie auf den Namen von G. M. eingetragen sei (dieser ist in meiner Erinnerung mit vielen Tagen des Elends verbunden). Ich nenne seinen Namen, fürchte aber, ihn zu kompromittieren. Ich weiß, daß ich auf der Suche nach dem Leihhaus mit meiner Maschine in der Via XX Settembre herumgelaufen bin. Zu beiden Seiten hohe Gitter, Kirchen. Ich betrete ein vollgestelltes Haus, sehe mit falschem Damast bezogene Sofas, eine Frau, die an der Nähmaschine näht. Ich rufe ihr etwas zu. Gehe die schmale Treppe wieder hinunter.

Ich träume immer, daß ich wieder angefangen habe, die unterbrochenen Nachhilfestunden zu geben, daß der Ruin aufgehalten ist.

Gestern träumte ich von Odradek (Erzählung von Kafka). Ich befand mich in einem

Raum mit niedrigen Holzgestellen (Zusammenhang mit dem Haus meiner Kindheit, mit dem Fischtraum). Liana F. kommt, sie geben ihr einen Platz in einer *Mansarde*, das heißt, auf einem Brett des Gestells (sie kommt aus Paris). Aber Liana F. ist Odradek, ein Wesen, das klein ist wie ein Wollknäuel, aber im Unterschied zu ihm aus schuppigem, elendem Fleisch ohne Form. Sie löst in mir das schmerzliche Gefühl aus, das ein Tumor, ein Grind verursachen kann, auch weil mein Bruder sie mit Gewalt zu Boden wirft. »Ah«, schreie ich stöhnend und befürchte dauernd, er habe sie getötet, doch ich sehe, daß sie sich noch dahinschleppt, noch lebt. (Dreifache Verbindung: Am Tag davor hatte ich gesehen, daß Minotaure Odradek herausgebracht hat, mit kleinen Bildern von einem Odradek, der einem Menschen oder einem Insekt gleicht. – Vor einigen Tagen las ich eine Erzählung über Paris von Liana F. – Mein Bruder kennt Liana F.)

Heute nacht erneut der Traum von meiner fünfzehnjährigen Schwester, und auch wieder die Treppe des Hauses, in dem ich wohne. Ich habe meine Schwester eine Nacht lang beherbergt, vielleicht widerwillig? Morgens betrachte ich die Wand hinter ihrem Bett: »Was sind das für große Nägel?« frage ich. In Wirklichkeit sieht man nichts, aber ich *weiß* gleichzeitig, daß sie da sind. Sofort ist meine Schwester beleidigt, fühlt sich gedemütigt. In Wirklichkeit ist diese Heranwachsende vor Schüchternheit spröde und unhöflich geworden, sie legt jene quälende und ein wenig zornige Scham über ihren Körper und ihre Existenz an den Tag, die die Kinder vielleicht durch die Gegenwart und durch den Umgang mit meiner Mutter befällt. Meine Schwester geht also fort. Sie ist, wie mir scheint, nur halb angezogen, steigt langsam die Treppe hinunter, jammert gedehnt, die Augen voller Verbitterung und Anklage, mit einem seltsamen tragischen und unbewegten Lächeln auf den Lippen, und ihr Schreiten gleicht dem einer Primadonna. »Was für ein theatralisches Mädchen!« denke ich. Denn obwohl ich im ersten Stock bin, sehe ich sie, wie sie die Treppe hinuntergeht, und die Leute an den Türen flüstern. Ihr Gejammer ist sehr laut, beinahe ein Schrei. Sie läuft nun blindlings hinunter, ohne sich umzusehen, wie im Wahn. »Ich brauche mich nicht zu schämen«, denke ich, »sie ist meine Schwester, aber sie wohnt nicht bei mir. Nie wieder werde ich sie empfangen.« Und gleichzeitig denke ich: »Ich müßte sie zurückholen. Warum tue ich es nicht? Sie ist gleich an der Haustür.« Ich erkenne die Straße, und da rufe ich sie: »Maria, Maria!« Sie dreht sofort um und kommt wieder herauf, mit glänzenden Augen und einem noch immer theatralischen, tragisch resignierten Ausdruck und jenem unentwegten Lächeln. Hochaufgerichtet kommt sie wieder herauf, ohne stehenzubleiben. »Ich wollte sie wahrhaftig nicht kränken«, sage ich zu meiner Mutter. »Ich werde sie nicht beschuldigen. Ich bemerkte nur, schau, dort an der Wand die großen Nägel.« Es kommt mir vor, als gebe meine Mutter mir Recht.

Einige Dinge, die Freud bestimmt als Sexualsymbole deuten würde. Vor allem aber Demütigung, unklare Schuld, verletztes Schamgefühl. Was also?

Rom – 17. Februar 1938

Bis sieben Uhr früh habe ich wachgelegen. Ich hatte zuviel Alkohol und Kaffee getrunken, zu viele Leute gesehen. Immerzu Angst und Beklommenheit, ab und zu die Hoffnung, aus »Via dell'Angelo« etwas Schönes zu machen.

Selbst im Wachen sehe ich die Gestalt einer Bäuerin mit rosafarbenem Rock, violetter Bluse, weißem Schal vor mir. Als es Morgen wird, höre ich die Geräusche der Autos, die Glocken. Mir ist, als erwache ich in einer fremden Stadt, wo niemand dich kennt und die vom Regen fast erstickten Laute fern klingen und die Verlorenheit und Einsamkeit noch vergrößern. Ist mir diese Stadt, in der ich geboren wurde, nicht in Wirklichkeit fremd? Wen gibt es dort für mich? Niemand denkt wirklich an mich, niemandem kann ich mich anvertrauen, nur eines verlangen sie, daß ich amüsant bin, und voriges Jahr die gräßlichen Geschichten mit G. M. – A. liebt mich nur, wenn ich fliehe, aber ich kann nicht fliehen, ich habe kein Geld. Er ist berühmt und reich, in wenigen Tagen fährt er nach Paris. Außerdem ist er immer verschlossen und finster. Er wird nach Paris fahren, um seinen gegenwärtigen Triumph zu feiern, und ich? Eine schreckliche Einsamkeit, ich stürze ab. Genug. Ich bin für zwei Stunden eingeschlafen. Ich befand mich in einer Art Cottage, das voller Leute war. Irgend jemandes Vater ist in diesem Augenblick gestorben, man muß warten, weil gleich das Begräbnis stattfinden soll, wir warten auf den Sarg, aber A. will nicht, er ist müde. An dem niedrigen Gartentor aus Holz beharrt er darauf, daß er weggehen will, also folge ich ihm. Doch dann trete ich allein in die große Kirche aus hellgrauem Stein ein, die prächtig in Rot und Weiß gehalten ist. Ich kniee auf einer mit rotem Brokat bezogenen Kniebank nieder. Der Pfarrer liest, während er auf den Sarg wartet, die Messe. Die Kirche ist riesig, sehr hoch und voller Licht, verstreut ein paar Kniebänke und nur wenige Leute. Ich blicke auf die breite Marmorfläche vor dem Altar, jenseits der Balustrade, wo sie den Sarg aufstellen werden. Durch die vielen Türen kommen Personen herein, die für den Ritus zuständig sind, ich betrachte ihre dem Anlaß entsprechenden feierlichen und ernsten Gesichter. Besonders eine Nonne beeindruckt mich; groß, würdevoll, mit blassem, regelmäßigem Gesicht, trägt sie ein kleines massives vergoldetes Tabernakel, das halb mit einem Leinentuch bedeckt ist. Dann sehe ich A. daherkommen, mit seinem nach hinten geschobenen Hut auf dem Kopf, wie üblich sehr blaß, in sich gekehrt. Ich muß so tun, als schenkte ich ihm keine weitere Beachtung, damit er mich dann sucht, mir folgt. Verzweifelte Flucht, verzweifeltes Versteckspiel. Warum müssen wir so sein?

Ich werde es nicht aushalten können, daß er nach Paris fährt. Was tun? Ich habe keinen Pfennig. Ich möchte auch verreisen. Aber wie?

Meine Schönheit, die noch der einer Heranwachsenden gleicht – wie alles rechtzeitig erfassen? Alter und Tod machen mir angst.

Rom 18. Februar 1938

Tal der kleinen Prostituierten.

Ich befinde mich in einer brachliegenden, nicht sehr weiten Ebene, hier und da spärliches Unkraut, und in der Mitte in einer Art öffentlicher Anlage ein paar Holzbänke. Ich spreche mit Iole M. Sie macht ihr verbittertes, ärgerliches, enttäuschtes Gesicht, das sie in der letzten Zeit hatte, als sie noch in Rom war. Indessen nähert sich ein Mädchen, das kaum älter aussieht als zwölf, beinahe rachitisch, das Gesicht ist ein wenig welk, ziemlich häßlich unter den lockeren, dunkelblonden, sehr sorgfältig zurechtgemachten Haaren, denen noch der Geruch nach Friseur anhaftet. »Schau sie an«, sagt I. zu mir, »die gibt zwanzig Lire pro Tag für den Friseur aus. Und verdient 38!« In ihrer Stimme liegt eine leichte Verachtung, aber auch ein gewisser Neid. »So jung«, fügt sie hinzu, »und so extravagant angezogen!« Tatsächlich hat die Kleine zwei Blaufüchse auf den Schultern, und nachdem sie mit gewichtiger und eingebildeter Miene herangetreten ist, zeigt sie uns, daß sie sogar die Augen bewegen und, wenn man nur ganz leicht ihre Köpfe schüttelt, auch die fast unsichtbaren Ohren. Sie trägt ein helles Seidenkleid, mit einem ärmelartigen kurzen Umhang aus derselben Seide. Doch nun sehe ich, daß dieses Mädchen in eine tragbare Apotheke eingeschlossen ist, eine Art Glaskäfig mit Fächern voller Schächtelchen und Fläschchen. (»Für die Geschlechtskrankheiten«, denke ich. »Mein Gott wenn man sogar zur Wanderapotheke werden muß.«) »Ich verdiene 58 Lire am Tag«, erklärt sie uns mit altkluger Miene, »und diese Pillen sind dafür, und diese Fläschchen dafür ...« In gelehrtem Tonfall erklärt sie uns die Funktion bestimmter innerer Organe und bestimmter Arzneien. »Und mußt du immer hier drinbleiben?« frage ich sie. »O nein!« erwidert sie verächtlich, öffnet sogleich eine Glastür und tritt heraus. »Ich habe einen Diener, der sie mir trägt.« (»Sogar einen Diener leistet sich die!« denke ich.) Ihr kleines faltiges Gesicht in die Luft gereckt, spaziert sie umher, mit der Aufgeblasenheit der Frauen, die Kleider besitzen, den anderen gegenüber, die keine besitzen, auch wenn sie die besseren sind. Die Anlage in der Mitte ist voller armseliger Leute, die den Sonntagnachmittag dort auf den Sitzen verbringen. Die Kleine setzt sich mit einer neuen, verzagten Miene, schlaff herabhängenden Armen und schwer gewordenen Lidern auf den Rand einer Bank, wo schon schlechtangezogene Männer sitzen, die sie nicht einmal anschauen und deren Anwesenheit sie gar nicht zu bemerken scheint. »Da«, denke ich, »für sie wird es ein Vergnügen sein, sich hier allein auszuruhen. So verbringt sie ihren Nachmittag.« Indessen sehe ich, daß I. sich an einer anderen Bank im Stehen mit zwei stämmigen Soldaten mit strahlenden, roten Gesichtern und weißen Baumwollhandschuhen unterhält, die Sonntagsausgang haben. Ich trete näher, und die Soldaten lachen mir freudig, vertraulich zu. »Diese I.!« denke ich. »Gibt sich sogar mit Soldaten ab!« Und ich entferne mich. »Was einer auch tut«, denke ich, »man erkennt doch sofort, daß er einer anderen gesellschaftlichen Klasse angehört.« Dann frage ich I. allein, ob die Kleine Freunde hat oder irgendeine *Herrin*. »Nein«, erwidert sie, »aber sie ist in ein Haus gegangen …«

Rom – 19. Februar 1938

Ich erinnere mich nur noch an ein sehr langgestrecktes schmales gelbliches Haus in den Träumen heute nacht, und an Giacomino D., der sich mit trauriger Miene aus dem obersten Stockwerk zu uns herausbeugt. Wir in einem Auto, an einem Tor. Später sehe ich A. in einem Café an der Ecke der Via Veneto. Irgendwo ist auch Renata D. Ausflugspläne.

Alberto, lieber, mein lieber, lieber Alberto.

Rom 21. Februar 1938

Heute nacht, zwischen den wirren, vergessenen Träumen, befand ich mich in einem Dorf, dem Aussehen nach mehr ein gelbliches, niedriges Mietshaus, rund um einen Hof gebaut, wo meine alle in M.d.R. erschienenen Erzählungen sehr bekannt waren.* Ein Uhrmacher konnte mich nicht ausstehen wegen meiner Erzählung »L'orologiaio«, »Der Uhrmacher«, die ich tatsächlich geschrieben habe. Außerdem sprachen alle von einer anderen Erzählung, die es nur im Traum gab und deren Hauptfigur eine reizende Blondine war, eine aus dem Volk, die ich mit geringen Unterschieden schon aus anderen Träumen kenne. Ein lebhaftes, unbefangenes Mädchen, deren Leben in der Erzählung der Wahrheit sehr nahe kam. Ich sehe sie vor einem Spiegel!

Rom 22. Februar 1938

Sinnlose, dumpfe Nächte. Angestrengte Träume, vergleichbar einem alten, klapprigen Zug, der bergauf fährt und nur stoßweise vorankommt, sich abmüht, ab und zu stehenbleibt. Beim Erwachen fast alle vergessen. Zurückbleiben undeutliche Bruchstücke.

* M. d. R.: Gemeint ist die Zeitschrift »Meridiano di Roma«, in der seit 1932 Erzählungen von Elsa Morante erschienen sind und in der am 14. August 1938 die mehrfach erwähnte Erzählung *Via dell'Angelo* publiziert wurde. (Anm. d. Übers.)

Mein älterer Bruder, der eine bizarre, halblebendige Puppe mit kleinen rötlichen Falten auf der entzündeten Stirn und nackten Füßen mit langen, sich umeinander krümmenden Zehen hochhält. (Eindrücke, die bestimmt damit zusammenhängen, daß ich vor vielen Tagen G.C.s neugeborene Tochter gesehen habe.)

Unterwegs, ein Halt in einem Bahnhof im Stil der Jahrhundertwende, mit gleißendem künstlichen Licht, hell verputzten Wänden, und einer Reihe Holzpuppen gleichenden Schutzmännern, die sich mit regelmäßigen, mechanischen Gesten bewegen.

Gegen morgen, als jede Gestalt und Szene verschwunden ist, spricht eine deutliche, strenge Stimme feierlich ein Gesetz aus: »Wer die Häkelnadeln versteckt, bekommt dreißig bis vierzig Jahre Gefängnis! Dreißig bis vierzig!« – und genau in dieser Minute weckt mich das Klingeln der Putzfrau, die zum Saubermachen kommt.

Rom – 24. Febr. 1938

Ich habe geträumt, ich wäre so arm, daß ich ein Bett in einer Küche zur Untermiete suchte. Ich komme abends in eine kleine Küche, der brennende Herd macht sie schön warm, ein schmales Sofa mit einem geblümten Tuch darüber, die Mauer am Fenster vergilbt und abgebrökkelt. Ein gebücktes altes Weiblein, gekleidet wie eine Bäuerin, ein Weiblein wie eine kleine Henne, voller häuslicher Gerüche, ist die Vermieterin. »Tagsüber wird hoffentlich die Sonne hereinscheinen«, denke ich, »aber wie soll ich hier schreiben?« Und obwohl die Küche mir nicht unbedingt mißfällt, miete ich sie nicht. Tatsächlich hat die Alte mir gesagt, daß sie fast immerzu darin kocht.

Ich träume auch von Donna M., die mich auf die Probe stellt, um zu sehen, ob ich stehle. Wir sind in einem Zimmer, wo Kinderwiegen stehen, sie macht seltsame Spiele mit irgendwelchen Ringen. »Ich weiß sowieso, daß sie unecht sind«, denke ich. Anscheinend ist einer verlorengegangen, aber ich finde ihn wieder und gebe ihn ihr ehrlich zurück. Sie scheint zufrieden.

In den wachen Augenblicken dazwischen denke ich ununterbrochen an *das Eine*. Meine Hüften lösen sich in der Weichheit meines Begehrens.

Oft denke ich in diesen Tagen an den Tod, und es erscheint mir unmöglich, daß er auch zu mir kommt.

Dann wird, was dir bisher den Blick
beschwerte
Dir leicht sein, und erfreun wird es dich
dann
So sehr, wie die Natur dir's je gewährte.

Rom – 25. Februar 1938

K.s Tod

Ich bin gegen Mitternacht schlafen gegangen, doch ab und zu wurde ich von Geräuschen und Lärm auf der Straße geweckt, vielleicht weil Fastnachtsdonnerstag war. Ich habe geträumt, daß ich mich in einem Zimmer befand, das ein wenig meinem Arbeitszimmer ähnelte, zumindest in der Anordnung der Bibliothek; sonst aber viel geräumiger, mit einer hellen Tapete. Vor dem Bücherschrank stand Filippo S. (wieso träume ich bloß von Filippo S.?) mit seinem Schnurrbart und seinem zufriedenen Gesichtsausdruck, weiß und dick. Er ordnete Bücher ein. Ich saß auf einem niedrigen, gelben kleinen Diwan, vor mir auf dem Boden lag ein Haufen Bücher, ich war hübsch und bezaubernd wie diesen Sommer, trug das geblümte Kleid mit Kragen und Taschen aus Taft, den großen schwarzen Filzhut. Wie üblich, wenn ich mich schön fühle, legte ich die überlegenen und sicheren Verhaltensweisen an den Tag, die angebracht waren. Nachlässig nahm ich die Bücher, die vor mir lagen, in die Hand und warf sie wieder fort, doch in mir herrschte eine besondere Düsterkeit, und Filippo S., der auf seine dumme und egoistische Weise den Geistreichen spielte, verursachte mir eine Art Ekel. Niemand schien darauf zu achten, daß dort, an derselben Wand wie der Bücherschrank, ein Bett stand oder, besser gesagt, eine ganz mit hellen Schleiern bedeckte Wiege. In dieser prächtigen Wiege starb Franz Kafka. Da kommen sie schon, um ihn abzuholen. Was ist das doch für eine Unsitte, die sie da angenommen haben, den Sterbenden die Augen zu verbinden und sie noch lebendig im Grab einzuschließen; ja, sie machen kurzen Prozeß. Es kommen also zwei Männer in Zivil, braun und taubengrau gekleidet, dem Äußeren nach kleine Angestellte, einer hat ein etwas stutzerhaftes Gesicht mit dunkelblondem Schnurrbärtchen. Sie nehmen nicht einmal den Hut ab. Kafka verläßt seine Wiege. Er ist groß, sehr korrekt in einen dunklen Anzug gekleidet und trägt sogar den Hut auf dem Kopf. Armer Junge, ich erkenne dich wieder, du bist wirklich genau wie auf der Fotografie. Und er ist ruhig, man könnte meinen, er wäre schon tot, aber es ist nur Ergebenheit in das Ende, denn es ist sowieso nichts mehr zu machen. Ich sehe nun, daß sie ihm über seinen dunklen Anzug ein Mädchenkleid gezogen haben, hinten aufgeknöpft und ziemlich kurz und weit, mit grellen gelben, roten und blauen Blumen, aus gewöhnlichem Kretonne. Er steht regungslos da und läßt sie gewähren. Nun legen sie ihm die Binde über die Augen, ich erkenne sie wieder, schau, es ist der ausgefranste Streifen aus schwarzer Seide, den ich manchmal benutze, um mir die Haare zusammenzubinden. Der Stutzer mit dem Bärtchen lacht zufrieden und mit einem Ausdruck freier Überlegenheit, als er ihn hinten am Kopf zubindet. Ein Knoten würgt mich, ich bin empört und zittere. Wie kann dieser Idiot nur lachen? Zumal er eines Tages in der gleichen Lage sein wird wie Kafka. Aber vielleicht kommt ihm das unmöglich vor, niemand denkt vorher daran. Kafkas ein wenig großer Mund wirkt gleichmütig unter der Binde –

dieser Mund eines armen Jungen. Zu denken, daß er nun bald... Ich betrachte sein braunes, lebendiges Gesicht, versuche, mir seinen Zustand vorzustellen. Was mag er denken? Was mag er fühlen? Der entsetzliche Augenblick ist gekommen. *In Kürze wird er den Tod empfangen.* Und er weiß es, das ist das Schreckliche. Und es sind seine eigenen Beine, die gehen und ihn hintragen, um sich mit der schwarzen Binde im Grab einschließen zu lassen. Ich sehe, daß die Männer an ihm herumhantieren, um ein zusätzliches, nicht am Kleid angenähtes Krägelchen zu befestigen, das zur Hälfte aus demselben Kretonne, zur Hälfte aus Flor besteht. Doch sie verstehen nicht damit umzugehen und wenden sich daraufhin höflich an mich: Eine Frau, denken sie, wird sie beraten können. »Aber laßt doch das Krägelchen weg!« sage ich bebend. »Was soll es ihm schon bedeuten!« Sie gehorchen mit einer Verbeugung, und alle drei gehen groß und hochaufgerichtet davon. Nun ist es soweit, nun holen sie ihn mir fort, eine dumpfe Qual, wie ein Schaben, ein inneres Nagen erfaßt mich. Leb wohl, K., lieber K. – Da steht Filippo S. mit seinem idiotischen Lächeln, hebt eins von den Büchern auf, die vor mir liegen, und sagt, es sei seines, er habe es mir geliehen. »Ist gut«, sage ich gleichgültig. Doch er läßt es wieder fallen.

Wahrhaftig, der Traumkünstler versteht sein Handwerk. Er kennt sogar die kleinen Kniffe, *die Effekte*. Da hat er doch, um mich die Empfindung des Todes stärker spüren zu lassen, neben Kafka, meinen lieben, bewußten und tragischen Kafka, diesen dummen Filippo S. gestellt, den ich zwar nie sehe, an den ich nie denke, der aber die dumpfe, satte, ganz von ihren Alltagsberechnungen und von ihren idiotischen praktischen Problemen in Anspruch genommene Menschheit verkörpert. Dieser Traum ist wirklich der Tod, die triste Maskerade. Nun verschwamm K. in einem bestimmten Augenblick mit mir selbst (das geblümte Mädchenkleid, das schwarze Tuch, das ich mir um den Kopf binde). War also ich die, die starb? In manchen Augenblicken verschmolz er mit A. oder, besser gesagt, mit der Angst, die ich um A. hatte. Zu groß war das zärtliche, verzweifelte Verlangen, das ich empfand.

Die Anklänge an Kafkas »Prozeß« sind unübersehbar. Aber dieser Traum ist dennoch symbolisch und einzigartig. Er wirkt wie ein Kapitel, eine Fabel fast, mehr als ein Traum.

Kafka und Filippo S. – Um den Gegensatz deutlich zu machen, konnte die Auswahl nicht besser sein. Höchstes Lob für den Urheber der Träume. Und dann die sklavische Dummheit und Taubheit aller, wenn sie dem doch so offensichtlichen und klaren, blendenden Ereignis des Todes beiwohnen.

Sie führten ihn weg wie ein Lamm ins Schlachthaus.

Macto, -as, -avi, -atum, -are.*

Der große Mann im Anzug, der die Wiege verläßt, um in den Tod zu gehen.

Das Kleidchen.

Das sind bestimmt meine unbemerkten und unausgedrückten Gedanken, die sich im Schlaf von selber ausdrücken.

* Von lat. mactare: verherrlichen, ehren, (ein Tier) opfern, schlachten. Also: ich opfere, du opferst, ich habe geopfert, geopfert, opfern. (Anm. d. Übers.)

Rom – 26. Februar 1938

Denk an sie, die echte »Via dell'Angelo«. S.J.C.

Wie viele Nächte mit Drehbühne! Es sind so viele verschiedene Szenen.

Aber ich habe einen Tag gewartet und habe sie vergessen.

Rom, 27. Februar 1938

Bin ich also auch ein Snob? Aber nein, es ist einfach ein wenig Eifersucht auf A., der von Donna P.B. empfangen wird, während ich noch nicht soweit bin. Und ich weiß, daß ihm viel daran liegt und er mich wegen dieser Art von Dingen mit einer gewissen Überheblichkeit ansieht.

Ich habe also von Donna P.B. geträumt – aber sie war blond, und eher Sibilla A. ähnlich, noch jung. Sie hatte mich zwar empfangen, aber allein, und sie sprach von einem hohen, wuchtigen Stuhl aus zu mir, während ich auf einem niedrigen kleinen Diwan vor ihr saß. Sie wandte sich ein bißchen wie eine Lesbierin an mich, zumindest bildete ich mir das ein, und ihr Gesicht zwischen den blonden Strähnen war dabei rosafarben wie eine gepuderte

Blüte. Ich spielte die Kurtisane, und es schien, daß es sie im stillen belustigte, und sie spielte, wenn auch mit erlesener Höflichkeit, die Zurückhaltende und stellte mir sogar kleine Fallen. Im Grunde meines Herzens hoffte ich gewiß, sie zu erobern.

»Oh«, sagt sie auf einmal, »es gibt Dinge, die sagt man nur wenigen, denen, die uns geistig nahe sind, die uns verstehen«. »O ja!« sage ich, mein Haupt voll Anmut und Verständnis neigend. »Schade«, sagt sie daraufhin ein wenig gedankenverloren, doch, wie mir schien, mit einer gewissen distanzierten und boshaften Befriedigung, »daß es nicht angebracht ist, zwischen uns beiden von derartigen Beziehungen zu sprechen.« Ich zucke ganz leicht zusammen (»Ich weiß schon«, denke ich, »wann habe ich mich je mit irgendeiner Frau auf der Welt in Beziehungen freundschaftlicher Intimität befunden?«) und denke, daß dies eine Verabschiedung bedeutet, sie mag mich eben nicht, und jeder Augenblick, den ich noch hier sitzenbleibe, ist ein Mißbrauch, auch wenn sie, überaus höflich, es sich nicht anmerken läßt.

Später aber, in anderen Träumen der Nacht, gehen die Dinge anscheinend besser. Es wird mir hinterbracht, daß sie meine Erzählungen gelesen und gesagt habe, sie seien wunderbar.

Noch später (ich war in einem Hotel, wo ich nicht wohnte, obgleich ich dort viele Freunde empfing) erwartete ich, glaube ich, sogar einen Anruf von ihr, und daß sie mir einen Umschlag schicken sollte. Es kommen eine Menge Freunde, darunter G. Cap. mit seinem schlacksigen Gang und der Baskenmütze.

Rom, 28. Februar 1938

Seltsam, während ich träumte, daß G. Cap. käme, ist er wirklich gekommen. Er hat mich heute in aller Frühe angerufen.

Nachts in den Träumen hat mich eine Stirn beeindruckt. Ich träumte, wir stünden vor einem Sendeapparat, ich, meine Mutter und mein älterer Bruder. Und alles, was wir sagten, wurde in die ganze Welt übertragen. Das machte mir Sorgen, aber wir redeten trotzdem weiter alles mögliche durcheinander, in fieberhafter Aufregung. Meine Mutter (wie immer mit herunterhängenden Haaren und blaurot geflecktem Gesicht) sagte, daß wir anderen Geschwister zum Wohle und für die Karriere meines ältesten Bruders alle versuchen müßten, Abgeordnete zu werden. Da kommt ganz hinten (wir sind in einem Raum mit großen Glasscheiben, die Rahmen sind aus Holz) lang und schmal mein jüngster Bruder herein; er sieht aus wie einer, der sich mit einer untergeordneten Stellung abgefunden hat und bereit ist, sich für seinen Bruder aufzuopfern. Aber ich merke, daß heute etwas Tragisches an ihm ist. »Ich kann«, sagt er mit einer gewissen traurigen Unerschütterlichkeit, »nicht Abgeordneter werden, weil ich das auf der Stirn habe.« Und ich sehe, daß seine Stirn sehr hoch ist, von weißer Blässe, fast dreieckig langgestreckt, und oben eine unförmige Schwellung aufweist. Ich verstehe, daß diese Schwellung eine grauenvolle Krankheit, den Tod bedeutet. Er schüttelt weiter beschwörend den Kopf. Ich erwache mit einem schmerzlichen, tiefen Gefühl von Trauer und Einsamkeit. Riesige Last. Qual.

Ich weiß, daß A. mich heute nicht liebhat. Vielleicht bin ich selbst daran schuld. Doch es gelingt mir nicht, diese schrecklichen Schwierigkeiten, mit denen ich kämpfe, gänzlich zu verbergen, ab und zu kommt meine vorübergehende Empörung über seinen blinden Egoismus gegen meinen Willen zum Vorschein.

Und heute leide ich, er hat gesagt, daß er unglücklich ist, also nütze ich ihm trotz meiner Bemühungen nichts, gar nichts.

Ich bin allein, alle lassen mich allein. Übrigens entferne ich selbst mich von ihnen...

Hilf mir, mein Gott, Mutter.

Mir scheint, daß »Via dell'Angelo« geht. S.J.C.

Rom, 1. März 1938

Ich habe geträumt, daß G. Cap. und Costanza mich die Holztreppe ihrer Villa, die mit dem schönen Läufer aus grobem Leinen bedeckt ist, hinaufbegleiteten, bis zu dem Zimmer, wo die Kleine schlief. Sie entschuldigten sich, daß die oberen Zimmer so häßlich seien: »Aber letzten Sommer«, sagte ich, »waren sie doch so schön« (ich hatte sie groß in Erinnerung, voller Licht von Westen her, mit bunten Vorhängen aus geblümtem Kretonne). Genau da, wo das Kinderbett stand, hatten sie, wer weiß warum, ein Fensterchen mit einem Holzgitter in die Wand eingelassen, das zum Nebenzimmer hinüberging. Das Bett war aus massivem Nußbaumholz, dunkel, mit hohen geschwungenen, geschnitzten und durchbrochenen Seitenteilen. Aber durch die Kurven ist dieses Seitenteil an einer bestimmten Stelle so niedrig, daß ich befürchte, die Kleine könne, wenn sie sich daran festhält, herausfallen. Sie ist dicker geworden, schöner, besonders die Hautfarbe verblüfft mich mit ihrem leuchtenden, zarten Rosa. Und die Haare sind blond geworden, flaumig. Das Gesicht, sehr viel regelmäßiger als vorher, ist noch ein wenig ungeformt, die Augen können noch nicht sehen, ja schlimmer, sie sind krank, rot und geschwollen.

Rom – 3. März 1938

Ich war auf einem Segelboot mit anderen vertrauten Leuten (aber wem?), ich hatte den Eindruck, unter Leuten zu sein, die mich liebten. Der Schiffskörper war nicht hohl, sondern oben gewölbt wie manche Spielzeugboote, so daß wir jedesmal, wenn das Boot sich neigte, alle aufschrien. »Gebt acht, ich kann nicht schwimmen«, warnte ich mit erstickter Stimme. Wir fuhren auf einem großen Ozean, in weißen Schauern stürzte das Wasser auf uns herab, dann an einem weiten, flachen Ufer entlang, ruhiges Wasser wie in einem Kanal.

Rom, 7. März 1938

Meine Mutter, meine Schwester und ich befanden uns auf der Reise durch seltsame, unwirtliche Gegenden (Erinn. an meine Reise nach Sizilien in diesem November). Es war eine Geschäftsreise, oder, genauer gesagt, wir hatten sie unternommen in der ungewissen Hoffnung auf irgendwelche erfolgreichen Geschäfte. Aber welche Geschäfte? Ich sehe mich allein auf einer unwegsamen, sandigen Landstraße, und es kommt niemand vorbei außer einer Eselshüterin mit ihren Tieren. Es sind Esel, klein wie Hunde, dann kommen noch größere hinzu, sie ziehen in einem ungeordneten Haufen vorbei, ich habe Angst vor ihnen. Wenn sie plötzlich wild würden? Also bleibe ich ruhig auf dem trockenen Gras sitzen. Im Staub kommt meine Mutter daher, mit ihrem Hut auf den grauen Strähnen, ein wenig gebeugt, blaß (»In meinem Alter«, denkt sie, »noch solche grauenvollen, nutzlosen Reisen machen zu müssen!«). Vor ihr geht meine Schwester mit ihrer unbekümmerten, ein wenig verächtlichen Miene einer Heranwachsenden, die zeigen will, daß ihr alles gleich ist. Ich jedoch bin nicht traurig. Innerlich hoffe ich (das scheint absurd, auf dieser verlassenen

Straße kommen doch nur gemeine gelbe Esel vorbei), daß etwas geschieht, womöglich ein Wunder.

Später bin ich im Saal eines kleinen Theaters. Eine Laienbühne soll ein Drama aufführen (vielleicht »Come le foglie« von Giacosa?*). Aber es sind so wenige Zuschauer da, und sie sind so laut, daß die Künstler sich nicht entschließen können, den Vorhang hochzuziehen. Ich gehe hinaus, und als ich wieder hereinkomme, hat die Vorstellung begonnen. Einige Leute rücken ihre Stühle den Schauspielern bis fast unter die Nase, starren ihnen ins Gesicht, kritisieren ihre Bewegungen und ihr Make-up. Andere unterhalten sich hinten im Saal weiter über ihre Angelegenheiten, ohne sich im mindesten um die Aufführung zu kümmern. Alles in allem werden es sowieso nicht mehr als acht sein. Der Raum ist niedrig, unordentlich, gleicht wegen bestimmter Einzelheiten einer Kirche. Auf der Bühne, die an den Seiten rechtwinklig vorspringt, während vorn ein Küchentisch steht, wird, glaube ich, der Niedergang einer Familie dargestellt.

* Schauspiel von Giuseppe Giacosa (1847–1906). Uraufführung: Mailand 1900. (Anm. d. Übers.)

Noch sind wir beim ersten Akt, und obgleich die Unordnung in dieser Familie schon klar hervortritt, gibt es noch Zuneigung zwischen den Eheleuten und Anmut bei dem schmutzigen Kind. Ich erkenne unter den Schauspielern einige Bekannte. Der Ehemann ist Guelfo S., immer so wohlerzogen, mit bis ins Genick abrasierten Haaren, ein wenig schüchtern. Dann treten noch andere Personen auf, ein Gutsverwalter mit zurückgeschobenem Hut, einer mit Schnauzbart, rot im Gesicht, der zittert und sich verhaspelt, unbeholfen. (»Welche Dummheit, sich zu schämen!« denke ich. »Ich würde mich nicht mehr schämen aufzutreten.«) Doch bald übertönt das laute Schwatzen der Zuschauer die Stimmen der Schauspieler, sie arbeiten nur noch für sich selbst, niemand achtet mehr darauf. »Schade«, denke ich, »um diese so schönen mittelalterlichen Kostüme, diese hübschen kleinen Mädchen in Empirekleidern, alles für nichts und wieder nichts!« Einige kleine Mädchen treten auf, um einen Tanz vorzuführen, albern bekleidet mit Ballerinahöschen, rechte Verlegenheitskostüme. Sie nehmen etwas freche, manchmal geradezu ungehörige Posen ein, lachen und machen kreuz und quer durcheinander ihre Übungen, schwingen die Beine. Der Saal grau, in einem Tageslicht ohne Sonnenschein.

Als ich an einer bestimmten Stelle dieser Träume in einer Fensteröffnung den aufgequollenen Leib, das eingefallene Gesicht meiner Mutter erblickte, empfand ich, weiter unten in einer Art Hof auf der Erde liegend, ein schreckliches Grauen vor dem Tod. »Unsterblichkeit«, dachte ich, »alles leeres Geschwätz! Die Seele ist nur ein Widerschein des Körpers, ihr So-Sein ist nichts als Zufall, ihre Besonderheiten ergeben sich aus den Organen und den verschiedenen Zellen des Körpers. Deshalb wird alles enden, alles. Und auch wenn man Teil des allumfassenden Geistes werden sollte, wird das individuelle Bewußtsein aufhören. Ich werde nichts mehr sein, A. wird nichts mehr sein.« Der Tod erschien mir wie ein fahler, aufgeblähter und schleimiger Körper. Eine düstere Zuneigung zog mich zu meiner Mutter hin, schon Besitz der Häßlichkeit und des Verfalls, die viele Jahre lang das Ende des Todes vorbereiten. In Wirklichkeit ist das Leben nichts als der Tod, der mit geradezu künstlerischer Sorgfalt vorbereitet wird. Ein Körper ist jung und schön. Jeden Tag arbeitet der Tod an ihm: hier eine Falte, ein Zeichen, eine Schwellung, ein unförmiger und anstößiger Fettwulst. Und das Leben und der Tod enden zusammen.

Ich aber *habe Angst.*

Rom, 14. März 1938

A. fährt allein an die Riviera.

Ich weiß nicht, warum die Gestalten und die Ausdrucksformen des Traums sich mir stärker einprägen als die der Wirklichkeit. Mehr als Landschaften und Geschöpfe sind die Traumbilder *Empfindungen* für mich. Es ist die Empfindung eines Dorfes, die ich träume, die Empfindung einer Person. Deshalb verursachen die Züge und Farben eine beinahe schmerzhafte Rührung. Gestern hatte ich, ich weiß nicht warum, an Lea S. gedacht. Alles oder fast alles an jener Frau stört mich. Ihre etwas ausladenden, schlaffen Formen, ihr Geruch, ihre weibliche Bosheit und List, ihre Wichtigtuerei und unangebrachte Aufgeblasenheit, die Sinnlichkeit etc.

Heute nacht habe ich geträumt, sie sei sehr arm, ein wenig verbittert, ihr Gesichtsausdruck war der eines kleinen Mädchens mit Ponyfrisur. »Renata D.«, sagte sie, »hat mir einen Mantel für diesen Winter geschenkt. Der Kragen ist nämlich aus ihrer alten, abgeschabten Pelzmütze gemacht, verstehst du ...« Sie machte ein fügsames Gesicht, während sie das sagte, eher naiv und schwankend zwischen einem Lächeln und Tränen. Mit Schrecken dachte ich: »Wie weit ist es mit den alleinstehenden, freien Frauen gekommen!«

Was werde ich tun mit meinen Schulden?

Rom, 16. März 1938

Heute nacht suchte ich meine Kirche, mit dem Altar der Schmerzensreichen Muttergottes, die ein Herz im Strahlenkranz, aus Gold, auf der Brust trägt; aber vergeblich. Ich irrte durch große, weite Räume, die mit über die nackten Wände gespannten Draperien als Kirchen hergerichtet waren, wenige Leute streiften darin umher, hier und dort Kinder, die den Katechismus studierten, und immerfort der Eindruck von Vorläufigkeit und Verlassenheit. Doch in einer von ihnen erblicke ich vom Fenster aus einen wunderschönen Garten, besser gesagt, eine grüne, weiche Wiese zwischen sehr hohen Häusern, auf der kleine Statuen ruhen; ich verliebe mich in ein Marmorgesichtchen, das aus dem Gras hervorschaut, mit Zopf, die naseweisen Züge nach oben gewandt. Weiter hinten ein überaus schlanker Marmorhirsch, der sich im Lauf erhebt, fast als flöge er. Diese anmutige Atmosphäre läßt mich vermuten, daß ich in Florenz bin, obgleich ich denke, daß das, was man sieht, der Park von Schönbrunn ist.

Und dann schrieb ich heute nacht zärtlichste Lieder, Melodie und Text.

Tod eines Kindes.

Es lag in einer Wiege, die eher einem Zuber glich. Es wurde sehr geliebt, plötzlich ist es tot. Zur Stunde des Begräbnisses betritt eine vornehme Dame einen Saal mit einem Tisch und vielen Stühlen, die wie zu einer Vorführung in Reihen angeordnet sind. Sie trägt ein Bündel (das ist das Kind). »Soll es hier vor allen Leuten zurechtgemacht werden?« Ich sehe nämlich, daß die vornehme Dame (groß und sehr alt, hager, weißes Haar, schwarzes Kleid mit Spitzen besetzt) das Bündel auf dem Tisch abgelegt hat und es auszuwickeln beginnt. Mit einem Schreckensschrei wende ich voll Grauen den Kopf ab, denn ich sitze ebenfalls auf einem der Stühle unter den Zuschauern. Schaudernd stelle ich mir die schon verweste kleine Leiche vor, diese Mischung aus kindlicher Zartheit, Arglosigkeit und abstoßendem Tod. Ganz sacht hebe ich wieder den Kopf, und da sehe ich das Kindchen, wie es mit hängendem Kopf dasitzt und von der Dame hin und her geschüttelt wird. Es ist noch nicht verwest, es ist noch ganz rundlich und zart. Doch etwas Verdorbenes hat das weiße Fleisch an sich (die Leute ringsum sagen, daß es schlecht riecht). Dennoch, wie lieb und entzükkend es noch ist! Zu denken, daß es *ein Ding* ist. Wo ist *es*? Jetzt müssen sie es kämmen, müssen es baden.

Wieviel ich auch nachdenke, es gelingt mir nicht, mich zu erinnern, ob es meines war, dieses Kind. Sollte es meines sein, das Kind von WILLY COPPENS?

Gestern hatte ich so einen schönen Spaziergang gemacht, obgleich ich voller Ängste war, wie in einem Alptraum, bei dem Gedanken an die Einsamkeit, an die drängenden Schulden, an das Elend und an A.s Abreise. Aber die

Seen und die Schwäne, die von Marmorsäulen gestützten Fassaden über den hohen Freitreppen! Und die Villen mit ihren blühenden Hekken, die Frühlingsbäume! Und dennoch lauter Todesträume.

Herr, gib, daß ich Geld habe und eine schöne Frühlingsreise mache.

Ich lese in diesen Tagen »Die Verlobten« wieder. Welch geheimnisvoll freundliche und feierliche Atmosphäre, welch reine Luft, welch wahrhaftig aristokratische Gesellschaft, die der Meisterwerke! Man spürt wirklich die *Rasse*, die unaussprechliche Begabung, auf jeder Seite, in jedem Wort. Woher kommt sie? In welchem Himmel ist sie zu finden? Durch welche Schmerzen, welche Freuden kann man sie erlangen? Glücklich, wer sie gehabt hat.

Rom – 17. März 1938

Mir ist, als hätte ich von einer Reihe von Leuten geträumt, die »Stille Post« spielen. Der erste flüstert dem zweiten etwas zu und so weiter. Und zum Schluß kommt etwas völlig anderes heraus – und man versteht gar nichts mehr.

Rom 19. März 1938

[*******]

Rom 21. März 1938

Heute nacht habe ich von Sandro S. geträumt, der tot ist. Er saß in diesem Sessel, wo er wirklich einmal bis fünf Uhr früh gesessen hat. Und er trug einen weißen Pullover wie am Meer, stark, mit sonnengebräunter Haut, überschwenglich und glücklich wie damals, als er nach Spanien fahren wollte. Selbstbewußt sprach er von sich, von seinem Leben, von seiner Tapferkeit. »Mit neunzehn«, sagte er, »hatte ich schon einen fünfzehnjährigen Sohn.« In diesem Moment kommt meine Schwester Maria herein und sieht niemanden in dem Sessel sitzen, nur mich, die ich rede. Sie ist ein wenig verstört, man sieht es. »Ich spreche mit S.«, erkläre ich. »Aber«, sagt sie, »der ist doch tot.« (Sicher, sie sieht ihn ja nicht, denke ich.) Auch meine Mutter kommt: »Ich spreche mit S., der tot ist«, erkläre ich ihr. Es ist klar, daß meine Mutter niemanden sieht, sondern vielmehr voll Entsetzen annimmt, ich sei verrückt geworden, doch um mich zu besänftigen, streckt sie die Hand aus, als wollte sie S. streicheln. »Der Ärmste, der Ärmste«, sagt sie.

47-19-15

Rom 26. März

Madonna, gib mir ein wenig Frieden.

Rom 27. März 1938

Heute nacht habe ich eine Maria Piccola S. geträumt, die ganz besonders war mit ihrer zarten braunen Haut, ein frischer Charakter, veilchengleich. Wir waren in einem Café, etwa zwischen Aragno und einem Nachtlokal. Sie trug ihr übliches braunes, leicht abgewetztes Mäntelchen und ihr Hütchen. Ich den weißen Strohhut und das schwarze Kleid. Wir saßen in einer Ecke, spät nachts. Ein Kellner nähert sich, spricht leise mit Maria: »Tausend Lire bietet man Ihnen«, sagt er, »wenn Sie sich verkleiden und tanzen.« Sie nimmt an und geht weg. Ich bleibe allein. »Da«, denke ich, »solche Angebote bekommt nur Maria, ich bin jetzt schon alt, ich gefalle nicht mehr, werde nicht einmal bemerkt.« Ich sehe Marias Tanz nicht, aber ich stelle sie mir vor, so frisch wie ein Veilchen, mit, ich weiß nicht, etwas Ländlichem, Unschuldigem, in einem Kostüm, dessen Farben Violett und Rosa sind. Später können wir dank der tausend Lire Cap. einen Besuch abstatten, denn endlich sind wir in der Lage, Geschenke mitzubringen. Maria trägt einen riesigen Korb voller Früchte, jede einzeln in eine eigene Hülle gebettet, der flache Korb ist fast zwei Meter lang; ich trage eine Tüte. Wir erreichen die bezaubernde herrschaftliche Villa mitten auf dem Land, aber eine Krankenschwester schaut heraus und sagt, daß niemand da sei. Was machen wir jetzt mit all dem Obst?

Rom, 31. März

Auch diesmal hast Du mir geholfen.

Rom, 5. April 1938

Ist mit A. wirklich alles zu Ende? Er ist abgereist, ich weiß nicht genau, wohin, vielleicht ist es ein Scherz, ein Alptraum. Ich bin krank, während seiner Krankheit hatte ich grauenvolle Träume, daß er verreisen mußte, ich ihm aber nicht folgen konnte, daß er krank war

(»Lungenkrank, das ist die Wahrheit«, vertraute mir sein Bruder, den ich auf der Straße traf, geheimnisvoll an). Im Hinaufgehen sprach ich mit seinem Bruder darüber, eine unsägliche Last erdrückte mich innerlich, mit einer Zärtlichkeit, einer Liebe ohne Grenzen sah ich jenes teure, blasse Gesicht, das sich in der Ferne auflöste. Und ich konnte es nicht berühren, konnte ihm nicht helfen. Er aber lächelte kein bißchen angesichts meiner Liebe, so fern und gleichgültig, wie er war. Was konnte ihm meine Liebe schon bedeuten? Mein ganzer Körper schrie, mein liebes Kind, Geliebter mein, nie werde ich jene Straße, die ich geträumt habe, vergessen können, bergauf, und den anderen großen Raum, in dem sein Vater, seine Mutter und seine Schwestern sich in blendendem Licht hin und her bewegten und in größter Heimlichkeit zu mir sagten: »Es sind keine Nierensteine. Es ist T ...«, und ich fühlte mich brennen, wie ein Aschenhäufchen zusammenfallen.

In Wirklichkeit ist er genesen, ist gekommen und hat gesagt: »Seit einem Jahr sind wir Liebende und haben nur aneinander gelitten. Es ist besser, damit aufzuhören. Denk nicht mehr an mich. Ich verreise, und du darfst nicht mitkommen.« Ich habe zu ihm gesagt: »Dann geh sofort.« Und er hat seinen Mantel genommen und ist wirklich gegangen. Ich glaubte, er würde es nicht wirklich tun, wie die anderen Male. Doch hätte ich ihn nicht zurückgerufen, wäre er fortgegangen.

Er ist noch mehrmals gekommen, dann ist er abgereist. Drei Tage lang habe ich nicht aufgehört zu zittern. Es kann nicht wahr sein. Ich warte auf ihn. Komm bald zurück, Alberto. Maria, Du Wundertätige, laß ihn bald zu mir zurückkehren.

Rom 22. April 1938

Was für eine Geschichte. A. wollte überhaupt nicht Schluß machen. Aber jetzt bin ich es, die Schluß machen will.

Seltsame, mysteriöse Sache, daß ich so oft von Kathedralen träume. Große Kathedralen und große Plätze, wie der in Pisa, mit Kirchen und Baptisterien, aber unendlich groß, mit grünem Rasen, und darauf erheben sich Santa Maria del Fiore, San Giovanni und andere florentinische Kirchen, unendlich. Im Traum fließen Architektur und Musik ineinander.

Und eine seltsame Stadt, Rom oder Venedig? Über enge, aber feierliche Treppen aus Stein, durch barock verschlungene Bogengänge, prächtige Salons, über kleine Plätze und Höfe gelangt man in eine Art Alhambra. Hier und dort harte, finstere Bauten, eine Art Tarpejischer Fels. Kathedralen, Kapitole und Kirchen. Doch meinem Bruder gefällt es nicht. »Diese Frau hat ihn verblödet, verblödet!« schreie ich ärgerlich. Versteht er diese Musik nicht?

Eine Galleria, auf die sich kleine Säle und Wohnungen öffnen. Greta Garbo kommt, groß, schwarz gekleidet, mit zwei Silberfüchsen. Eine Sekretärin öffnet ihr: »Ist der Marquis de Sade zu Hause?« fragt Greta, und, ihre Visitenkarte überreichend (gewiß läßt der Herr Marquis häufig sagen, er sei nicht zu Hause), fragt sie mit einem durchtriebenen kleinen Lächeln: »Interessiert?« Seltsam die Samtaugen der dunkelhaarigen Sekretärin, die zwischen den Lidern funkeln.

In der Galleria gehen Studenten spazieren. Einer schmollt und spielt sich auf. Blickt hinaus, auf den Park von Schönbrunn.

Neulich nachts sagte ich verzweifelt zu meiner Mutter: »So viele Jahre lang habe ich dich in meiner Nähe gehabt und dich nicht gesucht! Ich suchte Alberto! Aber wer ist er denn? Ein gefühlloser, geiziger Egoist! Und du warst doch da, du warst da! Mein Gott!« Schweißgebadet bin ich aufgewacht, mit einem heftig stechenden Schmerz auf der linken Seite. Soweit ich mich erinnern kann, habe ich nur selten solche Angst empfunden.

Nun habe ich das Radio, höre jeden Abend Musik, vielleicht träume ich deshalb von Kathedralen.

Rom 27. April 1938

Es Träume zu nennen, wäre seltsam. Es war ein Halbschlaf, es war fast Morgen. Mir schien, als hielte ich ein Kind im Arm, das schon etliche Monate alt war, doch zugleich fühlte ich, daß es nicht stimmte. Deshalb drückte ich es an mich, drückte es an mich, damit es mir nicht entglitte, und empfand eine seltsame Mischung aus Glückseligkeit und Angst. Es war blond, dick, hatte ein rosa kariertes Kittelchen an, glich ein wenig Maria Letizia: »Mein Gott«, dachte ich, »wenn es wahr wäre! Ich wäre nicht mehr allein, du bist hier, mein Liebling.« Die Gewißheit, es nicht zu haben, und das Gefühl, es an mich zu drücken, vermischten sich, das ist klar. Dieser Moment verzehrender, verzweifelter Liebe kehrt in meinen Nächten wieder.

In jenem Augenblick dachte ich an das Kind, das…, ich bat Gott um Verzeihung. Doch wie hätte ich es behalten können? Nein, ich hätte müssen. Gerade der absurde, seltsame Umstand seiner Geburt sagte deutlich, daß Gott es so wollte. Vielleicht wäre es eine Größe geworden. Ich habe gesündigt.

Eine Erleuchtung, glaube ich. Jenes schon große Kind, das da war und nicht da war, war es. Coppens war ja auch blond. Ich fürchte mich. Aber vor wem? Vor dir? Es ist ein Engel, und vielleicht hat es mir verziehen und betet für mich.

(»Da haben wir den kleinen Fötus«, sagten sie.)

Später, als es Zeit war aufzuwachen, war ich auf einem großen Bankett. Corrado C. war da, Gina S., Giorgio V. etc. Sie schmiedeten Pläne für Ausflüge, Reisen und Essen, ohne mich dazu einzuladen. Beim Essen gab es eine Pause, wie im Theater: Ich zog mich in einen Winkel zurück, setzte mich auf eine Stufe in einem großen Zimmer und hatte das Gefühl, das Bankett wäre schon zu Ende: »Jetzt gehen sie alle fort, nur ich bin ausgeschlossen, und es beginnen wieder endlose Monate der Einsamkeit.« Doch Vera C. kam, um mich zu holen und mir zu sagen, daß das Essen weitergehe: »Noch eine Weile«, dachte ich da, »werde ich die Leute lächeln und menschliche Gesichter sehen, dann nichts mehr. Ich bin ausgeschlossen. Warum bin ich so geboren worden? Warum bin ich geboren worden?«

Wieder ein Brief von A. Ich begreife nicht, was ich tun soll. Von vorn anfangen? Höre mich, Muttergottes, die du mir geholfen hast. Mach, daß mein Buch sofort gut geht, und daß ich inzwischen auf eine schöne, eine wunderschöne Reise gehe, solange Frühling ist und ich jung bin. Gewähre mir diese Gnade sofort, ich bitte dich.

Rom – 29. Mai 1938

A. kommt jeden Tag und sucht dauernd meine Gesellschaft. Ich selbst suche ihn auch, ich weiß wahrhaftig nicht, wieso, da ich nicht mehr in ihn verliebt bin.

Rom – 9. Juni

[*******] Ich fluche.

Rom 15. Juni 1938

Heute kommt es mir so vor, als sei alles neu, und ich muß auch gestehen, daß es mir so vorkommt, als müsse ich auf etwas warten. Ich weiß nicht, ob darauf, daß ich heute oder in den nächsten Tagen sterbe. Vielleicht ist es nur ein Zufall. Aber wie seltsam diese Nacht ist.

Ich befand mich also auf einem kleinen Grenzbahnhof (und ich habe den unbestimmten Eindruck, daß der Zug, den ich nehmen sollte, in einem Ort namens »Paradies« fuhr). Dort stand ein verputztes Haus mit einer Art Veranda. Ich komme, einfach und eher schulmädchenhaft gekleidet, mit einem kleinen Koffer daher. Schlecht angezogene junge Burschen sagen diensteifrig zu mir, daß der Zug gleich einfährt. Tatsächlich kommt er, wendet dann noch einmal, da ist er: In Wirklichkeit ist es nur ein Waggon, besser gesagt, ein Trambahnwagen, muß man dort bei der Pergola einsteigen? »Laufen Sie«, sagt der Bursche, »sonst verpassen Sie ihn.« Ich eile die Verandatreppe hinunter und verfange mich beim Laufen in irgendwelchen Drähten. Erschrokken denke ich: »Ob es elektrische Leitungen sind? Aber nein, es passiert nichts.« Während ich das denke, stürze ich hintenüber von der Treppe hinunter. Ich sehe, wie ein Grenzsoldat auf die Veranda hinaustritt und sagt: »Tot!« Und er hat eine Art Lächeln, ich weiß nicht, ob es ein Lächeln der Verzweiflung oder des leichten Hohns ist, aber es ist sicher, daß sich in ihm alles spiegelt, was in mir vorgeht, so daß ich nicht recht weiß, ob er es gedacht hat oder ich. *Und ich habe in jenem Augenblick den Tod erlebt.* Ich falle nach hinten, es ist, als schwebte ich in der Luft, bevor ich untergehe, und überstürzt kommen mir gleichzeitig diese Gedankenblitze: Es heißt, daß man sich in diesem Augenblick an sein ganzes Leben erinnert. Ich nicht, strengen wir uns an. Aber ist es denn wahr, ist es wahr, daß ich sterbe? Es ist nichts zu machen, ich weiß. Elektrischer

Schlag. Es ist wahr, Licht meiner Geschichte, daß ich noch heute morgen schrieb (wie schön du bist, Legende! und ich werde dich nicht beenden). Noch zart das Fleisch, ein Kind noch. Mich trifft es, mich trifft es, lache nur, lache. Und in der Frühe, wer hätte mir das gesagt, sprach ich noch wie immer. Doch vielleicht gibt es noch Hoffnung, sie werden mich schütteln, die Arme ausbreiten …

All dies blitzartig und alles zugleich, und ich fühle, wie die Welle mich immer mehr überflutet. *In dem Augenblick des Erkennens,* was es *weiter drüben* außer dieser grauenvollen Panik bei *vollem Bewußtsein* noch gab, bin ich aus dem Schlaf hochgeschreckt. Ich lag auf dem Rücken ausgestreckt im Bett, wie die Toten im Sarg liegen, regungslos, die Hände über der Brust gefaltet, und eine davon drückte aufs Herz (vielleicht liegt hier die Ursache des Traums). Unmittelbar darauf habe ich mit furchtbarer Gewißheit gedacht: Morgen werde ich sterben. Wie auch immer, hüte dich vor kleinen Grenzbahnhöfen und elektrischen Leitungen. Aber es ist ja erst morgen. So spüre ich nun, daß jeder Tag *derjenige* sein kann. Und sonst denkt man doch nie daran. Was tun, mein Gott (ganz kurz scheint die Madonna im Vorübergehen zu mir zu sagen: Also willst du nicht zu mir kommen?), aber ich habe Angst. Hilf du mir. Ich merke, daß ich immer weiter die Hände gefaltet halte, soviel ich mich auch im Bett hin und her wälze. Ich zweifle, ob ich noch lebendig bin, aber ich bin es. Doch morgen ist es bestimmt soweit. Am liebsten würde ich meine Mutter anrufen, aber sie würde sowieso nicht aufwachen. In diesem Augenblick wundert es mich, daß ich nicht immer Angst habe, so allein in der Wohnung. Und nachts!

Vielleicht war es nur, weil ich die Hand aufs Herz gepreßt hielt. Seltsam, daß so etwas genügt, eine Berührung mit diesem geheimnisvollen, lebenswichtigen Organ, um so viele Symbole und Gestalten hervorzubringen. Kurz davor hatte ich andere Träume gehabt, einen im Halbschlaf, mir war als hätte ich zwei schwarze Katzen vor mir auf dem Bett, aber es sind nur die schwarzen Schatten der Tür und des Fensters. Dann habe ich geträumt, daß A. Gift genommen hätte, um zu sterben. Ich gehe hinüber, finde ihn vor dem Radio, stecke ihm einen Finger in den Hals, und er erbricht eine weiße Substanz und ist sofort geheilt (trotz seiner Nerven ist er mir im Grunde dankbar, daß ich ihn gerettet habe). Aber er ist müde, will schlafen, ist klein wie ein Bub in einem weißen Kittel. Er schläft auf meinen Knien, mit fast ganz entblößten, weit geöffneten Beinen, so daß ich mich ein wenig für ihn schäme. Aber ich bin glücklich, daß er so auf mir schläft.

Rom 30. Juli

Heute nacht habe ich von den rosa Blüten geträumt.

Anmerkung zum Text

Das unveröffentlichte Tagebuch aus dem Jahre 1938, das hier zum ersten Mal ungekürzt erscheint, ist in der *Cronologia* der *Opere* von Elsa Morante (Mailand: Mondadori 1988) aufgeführt, wo auch, besorgt von Carlo Cecchi und Cesare Garboli, einige Auszüge daraus abgedruckt sind (S. XXX–XLII).

Handschriftlich in ein gewöhnliches kariertes Schulheft mit schwarzem Umschlag von der Größe 20,5×14,5 cm notiert, füllen die Eintragungen die ersten 29 der insgesamt 76 Blätter (das Deckblatt ausgenommen), insgesamt also 57 unnumerierte Seiten. In dem Rechteck auf dem Deckblatt stehen oben, in Form eines Epigraphs, die Verse Dantes (Purg., XV, 31–33), die dann im Tagebuch unter dem Datum 24. Februar mit der Variante *Bald* > *Dann,* wieder aufgenommen werden; außerdem weist es am unteren rechten Rand den Vermerk »Libro dei sogni«, »Buch der Träume«, auf, und am linken Seitenrand die Maxime »La vida es sueño«, »Das Leben ist Traum«. Auf der Vorderseite des ersten Blattes steht in der Mitte der Titel »Lettere ad Antonio«, »Briefe an Antonio«, während auf der Vorderseite des zweiten Blattes das Tagebuch beginnt, das, dicht beschrieben, die folgenden Seiten füllt und auf der Vorderseite des neunundzwanzigsten Blattes endet. Was den Titel angeht, so wurde dem ursprünglichen, »Lettere ad Antonio«, der objektiv nicht zum Wesen des Textes paßt, ein Titel vorgezogen, der dem Genre entspricht, *Diario 1938*, und der in dem chronologischen Rhythmus des Heftes seine Rechtfertigung findet. Die Zeilen »Libro dei sogni« und »La vida es sueño«, bei denen man auch an die Vorschläge zweier in Frage kommender Titel denken könnte, sind in Wirklichkeit als Randvermerke zu deuten.

Die zumeist klaren oder doch zumindest lesbaren Schriftzüge sind abwechselnd gestochen scharf und dann wieder verblaßt, und die ungleiche Intensität der Tintenschwärze läßt dort, wo sie schwächer wird, fast an eine gewöhnliche Feder denken, die in ein Tintenfaß getaucht wurde. Die Eintragungen vom 22. bis zum 27. April 1938, die den Seiten 26–28 des Heftes entsprechen, sind vermutlich mit einer anderen Feder geschrieben worden als die

voranstehenden: Es ist ja auch viel Zeit vergangen seit der letzten Eintragung, wenn Elsa Morante am 22. April nach einer Unterbrechung von siebzehn Tagen wieder zu schreiben beginnt. Ebenso augenscheinlich zeigt sich, daß die Autorin nach etwa einem Monat erneut die Feder wechselt.

Der Text des Tagebuchs wird hier genau und wortgetreu wiedergegeben. Die Auslassungszeichen (Sternchen) weisen auf von der Autorin vorgenommene Streichungen hin, die in der Handschrift mit Vorbedacht den Fluß des Bekenntnisses unterbrechen, um mit äußerster Sorgfalt die heikelsten Stellen daraus zu tilgen. Es wurde versucht, auch im Druckbild das unterschiedliche Ausmaß der Streichungen ungefähr erkennbar zu machen und so die psychologische Qual der Arbeit an einem so intimen Dokument zu verdeutlichen. Streichungen zum Zweck der Berichtigung wurden nicht wiedergegeben, da der abgewandelten Lesart, auch wenn sie mühsam zu rekonstruieren wäre, nur sehr geringe Bedeutung zukäme bei einem Text, der in einem Guß geschrieben wurde, keiner diachronischen Revision und nicht einmal der Vervollkommnung durch eine Reinschrift unterzogen

wurde. Nach Korrektur der offensichtlichen *lapsus calami* entschieden wir uns, jene seltenen Flüchtigkeitsfehler, die auch als Entscheidung der Autorin gedeutet werden könnten, unverändert stehenzulassen (unter anderem einige Wortwiederholungen nach Klammern). Bei der Interpunktion haben wir uns darauf beschränkt, einige minimale, unumgängliche Änderungen vorzunehmen und die Zeichensetzung bei Klammern und Anführungszeichen zu vereinheitlichen sowie den symmetrischen Gebrauch letzterer einzuhalten. Aus Gründen der typographischen Einheitlichkeit waren einige orthografische Angleichungen notwendig.

Erklärungen zu einigen im Tagebuch genannten Orten sind der zitierten *Cronologia* zu entnehmen, so etwa im Fall der erwähnten »ungarischen« Reise (S. XLII–XLIII): »›die Frühlingsreise um den Balaton‹ wurde gelegentlich einer Reise nach Wien und Budapest zusammen mit einem Mann unternommen, von dem man nichts Näheres weiß, außer daß er vielleicht dieselbe Person ist, mit der Elsa Morante zum ersten Mal Sizilien besuchte«, im November 1937. Wie in der auszugsweisen Veröffentlichung des Tagebuchs bei Monda-

Elsa Morante, am 18. August 1912 in Rom geboren. Verläßt nach dem Abitur, im Alter von 18 Jahren, die Familie. Studium an der Philosophischen Fakultät in Rom, das sie wegen finanzieller Schwierigkeiten abbricht. Veröffentlicht erste Gedichte und Erzählungen in verschiedenen Zeitschriften. Lernt 1936 Alberto Moravia kennen, den sie 1941 heiratet. Bei Einaudi erscheint 1948 ihr erster Roman *Menzogna e sortilegio* (dt. 1981 u.d.T. *Lüge und Zauberei*), der mit dem Premio Viareggio ausgezeichnet wird. 1957 erhält sie für *L'isola di Arturo* (dt. 1986 u.d.T. *Arturos Insel*) den Premio Strega. 1961 Reise nach Indien zusammen mit Moravia und Pasolini. 1974 erscheint der bald sehr populäre Roman *La storia* (dt. 1976). Sie nimmt 1978 mit einem Brief an die Brigate rosse öffentlich Stellung zur Entführung Aldo Moros. Seit 1981 ist sie ans Bett gefesselt. 1982 wird ihr letzter Roman *Aracoeli* (dt. 1984) veröffentlicht. Ein Selbstmordversuch im gleichen Jahr mißlingt. Sie stirbt am 25. November 1985 in einer Klinik in Rom.

dori werden auch hier die Anfangsbuchstaben der Namen, die ja bisweilen mühelos identifizierbar sind, nicht aufgelöst. Der häufigste, A., ist Alberto Moravia. Eine besondere Betrachtung verlangt hingegen die Abkürzung »S. J. C.«: Der erste Buchstabe wird konjektural als *S* entziffert in der Annahme, daß die Abkürzung »Sanctus Jesus Christus« bedeuten könne.

Sehr zu Dank verpflichtet bin ich Cesare Garboli für seine Erklärungen und seine Hilfe. Der Zufall will es, daß meine Verbundenheit ihm gegenüber auch private Züge trägt.

A. A.

Neapel
»...Da fiel kein Traum herab
...Da fiel mir Leben zu...«
Hg. von Fabrizia Ramondino
und Andreas F. Müller
Originalausgabe
264 Seiten. Leinen

»Nicht zu Unrecht berufen sich die Herausgeber in ihrem Vorwort auf Walter Benjamins *Flaneur*, die Lektüre des Bandes ist ein anregender Spaziergang durch die Geschichte und die Gegenwart einer Stadt zwischen Abend- und Morgenland, in deren Volksmythologie schon mal die Königin von Saba als exotisch-erotisches Moment die Heiligen Drei Könige auf ihrer Wallfahrt nach Bethlehem begleiten darf.«

Yaak Karsunke, Frankfurter Rundschau

Rosetta Loy
Straßen aus Staub
Roman
Aus dem Italienischen von Maja Pflug
344 Seiten. Geb.

Ein altes Haus im Montferrato in Piemont. Zweistöckig, hellgelb die Fassade, mit Nußbaum, Brunnen und Allee bildet es den Mittelpunkt der Geschichte dreier Generationen einer bäuerlichen Familie des 19. Jahrhunderts. Ausgezeichnet mit dem Premio Viareggio und dem Super-Campiello. »Ein Roman, der ein Fest der Sinne inszeniert...«

Hansjörg Graf, DIE ZEIT

Maria Messina
Das Haus in der Gasse
Roman
Aus dem Italienischen von Ute Lipka
156 Seiten. Geb.

Eine Autorin ist wiederzuentdecken: die »sizilianische Katherine Mansfield«, Maria Messina.
»Das Leben in Sizilien, wie sie es darstellt«, schreibt Giuseppe Antonio Borgese über Maria Messina (1887–1944), »...sind kleine Rinnsale in einem eher sumpfigen Gewässer, wo in aller Stille Lebensgeschichten aufscheinen, in denen Menschen nicht einmal die Kraft haben zu seufzen.«